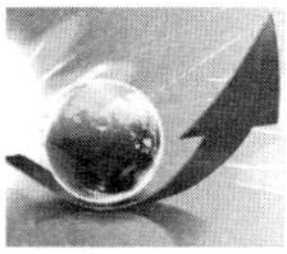

"一带一路"战略研究报告 2016

"一带一路"：全方位的战略

兰日旭　岳海峰　主编

中央财经大学中外经济比较研究中心　组编

中国财经出版传媒集团

中国财政经济出版社

图书在版编目（CIP）数据

“一带一路”：全方位的战略，“一带一路”战略研究报告. 2016/兰日旭，岳海峰主编.—北京：中国财政经济出版社，2016.12

ISBN 978-7-5095-7079-1

Ⅰ.①一…　Ⅱ.①兰…②岳…　Ⅲ.①区域经济合作-国际合作-经济发展战略-研究报告-中国-2016　Ⅳ.①F125.5

中国版本图书馆CIP数据核字（2016）第275579号

责任编辑：刘五书　林治滨　　　　责任校对：杨瑞琦

封面设计：孙俪铭　　　　版式设计：兰　波

中国财政经济出版社 出版

URL：http：//www.cfeph.cn

E-mail：cfeph@cfeph.cn

社址：北京市海淀区阜成路甲28号　邮政编码：100142

营销中心电话：88190406　北京财经书店电话：64033436　84041336

北京财经印刷厂印刷　各地新华书店经销

787×1092毫米　16开　11印张　203 000字

2016年12月第1版　2016年12月北京第1次印刷

定价：35.00元

ISBN 978-7-5095-7079-1/F·5671

（图书出现印装问题，本社负责调换）

本社质量投诉电话：010-88190744

打击盗版举报热线：010-88190492，QQ：634579818

“一带一路”战略研究报告（2016）

编　委　会

目　录

绪 论

“一带一路”战略，是中国与亚太直至东北非及欧洲在内的广大国家和地区之间的互联互通、互利合作、共同发展的经济战略。“一带”，即指“丝绸之路经济带”，是中国与中亚直至欧洲的古代“丝绸之路”所及区域内的经济合作，东连亚太经济圈，西系欧洲经济圈，中接中亚经济带，被认为是“世界上最长最具有发展潜力的经济大

走廊”[1]；“一路”，即指“21 世纪海上丝绸之路”，涵盖中国与东南亚、印度洋以及地中海区域范围内的合作。“一带一路”战略是基于中国与东盟深化合作的背景下，以构建本区域的命运共同体，维护其福祉而提出的全新战略。自 2013 年中国国家主席习近平分别于 9 月在哈萨克斯坦、10 月在印度尼西亚提出建设“新丝绸之路经济带”和“21 世纪海上丝绸之路”的愿景构想以来，“一带一路”战略已经成为我国当前推动区域合作、加快经济结构转型的全新战略。从 2014 年至今，该战略顺利进入协调、实施的阶段。当然，在当前错综复杂的国际环境下，如何让“一带一路”战略真正发挥出活力、动力，使参与双方达到合作共赢的目标，仍然充满了诸多未知。

一、“一带一路”战略的现实缘由

“一带一路”战略构想并非空穴来风，而是在极其复杂的现实背景下提出和形成的。在其提出之后，迅速引起国内外的广泛关注，成为社会各界全方位探索的热点和重点。在国际上，针对中国提出的“一带一路”战略，有中国的“马歇尔计划”、亦有所谓的海洋战略受挫后的折中选择、或对美国“亚太再平衡战略”的应对举措等等说法或观点；在国内，一些人认为其仅仅是一个历史翻版，但绝大多数人则认同“一带一路”战略的提出所引致的正面

① 吕建中：《利用民间资本畅通丝绸之路》，《人民日报》，2014 年 9 月 22 日。

效应及应注意风险的防范；与此同时，也有人担心“一带一路”战略对西部边界安全等方面将产生影响。从“习近平经济学”的内涵来看，“一带一路”战略就是中国在新的历史时期深化改革和全面开放、发展的策略之一，具有区域带动整体的考衡，是实现中华民族伟大复兴中国梦的重要战略选择。然而，如此明确的长远发展战略，为何会引发如此多的担忧？

从国际上来看，伴随中国经济的迅速崛起，经济总量在2010年超越日本、仅次于美国；受金融危机影响，西方发达国家在世界经济主导中的作用大大降低，而以中国为代表的新兴国家在国际事务上的影响日益重要。然而，中国的和平崛起及其国际影响力的上升，本来给世界经济的发展带来了诸多积极要素，给世界各国人民提供了各种经济增长的红利，却反而引起了西方社会的不安，不断发出“中国威胁”的质疑。美国战略性重心的东移、日本对和平宪法的任意践踏、西方各国不断对中国领土安全的挑衅等等，都冲击着中国原本相对安稳的国内外环境。在此背景下，中国政府所提出的“一带一路”战略构想，“……构建以中国为主导的亚欧非大区域治理平台，平衡经济治理与社会治理，从而促进本国产业结构升级，以实现和平崛起的一套全球治理机制。”① 如此良好的战略愿景构想，却成为一些西方国家挑起敌对中国的借口。毕竟，历史上大国的崛起，均会改变已有的秩序，出现零和博弈式的“修昔底德思维”。自然，中国的和平崛起及其所提出的种种战略性构想，必然会使西方国家在霸权更替惯性下推测中国的发展策略，在政治、经

① 张辉：《全球价值双环流架构下的“一带一路”战略》，《经济科学》，2015年第3期。

济、文化等方方面面对我国进行干预[①]。对此，我们在推进"一带一路"战略之机，一定要保持前瞻性的意识，加大对中国发展战略构想的国际性介绍，以顺利推进"一带一路"战略。

从国内来看，在中国经济经历30多年的高速增长之后，经济增长速度由高速向中高速过渡、经济发展动力由"三驾马车"向创新驱动转变，呈现一种新常态态势。面对我国经济发展中存在的某些产品过剩、资本杠杆比率过高等问题，我国如何在"去杠杆"、"去库存"等条件下，实现经济转型和结构升级，就成为当前经济发展中必须加以化解的难题，以此避免"中等收入陷阱"，实现经济持续、健康、快速地发展，最终完成两个"100年"目标，从而为中华民族伟大复兴铺垫坚实基础。在此背景下，我国提出"一带一路"战略，显然是契合了中国经济发展的时代脉搏，高屋建瓴地推动了以区域带动整体的经济发展思路。然而，在经济发展新常态下，我国经济长期发展中的各种矛盾、问题呈现叠加态势，给我国经济的转型增加了众多不可预测的因素，由此，也必然会在"一带一路"战略的推动上带来种种意想不到的阻力和困境。

显然，今后如何推动"一带一路"战略，我们必须充分考虑国际国内的因素，加强对"一带一路"战略的宣传和布局，把隐含在其中的种种不利之处逐个剔除，从而为"一带一路"战略的全面实施铺垫必要的条件，最终使"一带一路"战略涉足的双方真正感受到"双赢"的效果；在实践上，推动"一带一路"战略的成功"破题"。

---

① 兰日旭：《经济强国之路》，高等教育出版社2014年版，第191—201页。

二、"一带一路"战略的历史渊源

尽管"一带一路"这一具有很强现实使命感的战略是在2013年年底提出，但其本身具有很长的历史渊源。

"一带"，是指"丝绸之路经济带"，其覆盖的国家和地区基本上是以历史上的陆上丝绸之路活动范围为核心，往北、南、东依次延伸，形成了北线、中线和南线，最终到达欧洲。古丝绸之路，并不是纯粹以丝绸为交易物的商路，而是在商路交易物品中因丝绸而著称。丝绸之路的名称，最早是由近代德国地理学家费迪南·冯·李希霍芬（Ferdinand von Richthofen）于1877年首次提出；之后经瑞典探险家斯文·赫定（Sven Hedin）以丝绸之路为名的著作而为世人瞩目，广为流传。刚开始，丝绸之路主要是以中国与中亚、西亚为中心，并通往欧洲的陆上贸易通道；此后，丝绸之路的区域范围、贸易内涵等均发生了巨大变化，区域由陆上延伸到海洋，产品由丝绸为主逐渐扩展到瓷器、茶叶、大黄、铁器、铜器等等。从陆上丝绸之路的角度来看，自西汉正式沟通以来的很长一段时间内中国均处于核心地位。凭借秦汉时期采取的"民间去大工商化"等措施，中国经历朝逐渐建立起了一个庞大的官办企业体系，抓住集合民间技工集体生产的机遇，直接推动了我国技术水平的发展并长时间的保持世界领先水平，这使我国产品在与外界交往中在技术含量上占据绝对优势，由此使外界对我国的产品形成极强的依赖性和强烈的交往意愿。当时，中亚、西亚、欧洲等地流入中国的产品主要是一些动植物、原材料、奢侈品，而中国流入这些地区的则是一些具有较高技术含量的制成品，如表绪-1所示。

表绪-1　古丝绸之路中亚、西亚等地流入中国的部分产品统计表

产品种类	名　称
动物	马、牦牛、盘羊、狗、鸵鸟、鹰等
植物	胡萝卜、胡椒、胡豆、胡葱、胡瓜（豌豆、大蒜）、胡桃等带"胡"字类的植物、藏红花、甜菜、韭葱、西芹、菠菜、花椒、开心果等
药物	阿魏、蓖麻籽、青蓝、雌黄、牛黄、五倍子、明矾、雄黄、黄丹等
矿物	水晶、青金石、光玉髓等
奢侈品	中亚毡、地毯、石棉、琥珀、玻璃、珍珠、珊瑚、金银、象牙、犀角等
文化艺术等	乐曲、乐器、舞蹈杂技、绘画技艺、天文学、宗教文化等

当时，中国流入这些地区的特色商品与技术包括丝绸、生丝、陶瓷、茶叶、铁器、铜器、金银首饰、兵器、火药、医药品等，以及冶炼和制造技术、水利和灌溉技术、养蚕和纺织技术、制瓷技术、造纸和印刷技术、火药制造技术、医学、航海技术、先进的农耕经验等先进的科学技术。"16—18世纪，中国向全世界出口的商品约有236种之多，其中手工业品有137种，占总数的一半以上"①。这些产品通过丝路流入西方，对后者产生了巨大影响。即使到西方工业革命开始之初，中国的产品仍然保持着巨大影响力。"17、18世纪欧洲商业革命中，欧亚贸易急剧扩张，欧洲商人大量进口中国产品；为了获得更多的商业利润，欧洲政府和商人用

① 陈昆：《明朝中后期世界白银为何大量流入中国》，http://economy.guoxue.com/?p=7414。

神话和文化制造推动了‘中国潮’的兴起。”① 以致在此期间，“没有一个人在他们著作的某一部分中，不对中国倍加赞扬。只要读他们的书，就一定会看到对中国的赞美……他们心目中的中国政府好比是后来全体法国人心目中的英国和美国。在中国，专制君主不持偏见，一年一度举行亲耕礼，以奖掖有用之术；一切官职均经科举获得；只把哲学作为宗教，而把文人奉为贵族。看到这样的国家，他们叹为观止，心驰神往。”② 由此可见，丝绸之路于中西分流之前在中国与中亚、西亚、欧洲的经贸交往中的重要地位。陆路上的丝绸之路，在唐朝的怛罗斯之战后就逐步衰落，1453 年奥斯曼土耳其帝国占据君士坦丁堡之后，趋于隔断，到近代之后则完全衰落，被海路所替代。在近代期间，丝路成为西方列强经印度、中亚等地入侵中国西部、西南地区的一个重要通道，给当前中国以及与这些丝路接壤的国家和地区带来了众多领土争端，也为这一地区的极端宗教势力、恐怖势力、分裂势力等提供了一个活动的土壤。

“一路”，即“21 世纪海洋丝绸之路”。海洋丝绸之路源远流长，早期主要是通往日本、琉球群岛、朝鲜半岛和东南亚的一些国家；到宋朝之后，随着中国经济中心由北向南转移，海洋丝绸之路才真正成型、定位，也变得越来越重要。伴随海洋丝绸之路的兴起，我国输往国外的产品发生了一些变化，瓷器、茶叶等物品在外输产品中的地位变得越来越突出，以致海洋丝绸之路有着“瓷路”之称。到明朝时，郑和七下西洋的壮举，把我国传统海洋丝绸之路推向了古代对外交流的顶峰；之后，逐步衰落，到近代西方侵入势力进

---

① 张丽：《制文化权与 17、18 世纪欧洲“中国潮”的潮起潮落》，http：//economy. guoxue. com/? p = 4122。

② ［法］托克维尔著，冯棠译：《旧制度与大革命》，商务印书馆 2012 年版，第 203 页。

入这些地区，传统的海洋丝绸之路完全被他们所控制。随着海洋丝绸之路的中心地位被西方侵入势力所替代，中国在18世纪末以前长期占据贸易顺差的局面向长期贸易逆差转换。"在世界经济的结构中，有四个主要地区长期保持着商品贸易的逆差，它们是美洲、日本、非洲和欧洲。前两个地区靠生产出口白银来弥补它们的赤字，非洲靠出口黄金和奴隶。从经济角度看，这三个地区都生产了世界经济中其他地方所需要的'商品'。第四个贸易逆差地区，即欧洲，本身几乎不能生产任何可以以出口来弥补其长期贸易赤字的商品。"① 在此期间，只有中国能长期保持贸易顺差，直到18世纪末之后才发生了完全的改变，特别是第二次鸦片战争到新中国成立之前，我国只有六年是顺差的，其余年份均为逆差。由此，完全改变了中国长期占据外输产品技术含量占优的格局，由早期自己主导的、含有一定附加值的茶、丝、瓷器、糖等手工产品出口为主，向植物油、桐油、猪鬃、皮毛、大豆、棉花等多样化初级原材料转化，以适应西方世界体系的需要，为其提供工业化发展所需要的种种原材料、半成品，同时也适应由早期进口白银为主向工业产品转化的需要。这样，海洋丝绸之路就成为西方大宗工业品输入我国的最重要通道，我国也渐趋沦为西方工业品的销售市场和各种工业原料的原产地。

显然，中国历史上"一带一路"的兴衰，无疑是中国综合国力强弱变迁的一个结果。中华人民共和国成立之后，特别是改革开放以来经济长期的高速增长，完全改变了我国在近代颓废的局面，开始重现古代辉煌的一幕。我

---

① ［德］贡德·弗兰克著，刘北成译：《白银资本——重视经济全球化中的东方》，中央编译出版社2000年版，第181页。

国与“一带一路”国家和地区之间的产品交流，再次回到早期那种具有一定技术含量的产品与各种原料、奢侈品等对流的格局。当然，这一格局能否顺畅发展，还取决于当前中国经济转型的成功与否。在此背景下，我国重新对历史上的“一带一路”所隐含的经济带赋予新的内涵，无疑抓住了“一带一路”战略中的经济本质，顺应了区域经济发展的潮流。

三、研究框架

“一带一路”战略的提出，引发了社会各界的高度关注。从2013年至2015年2月，有关“一带一路”战略的话题就成为当时的热点，但从学术的角度来看，基本上没有学理上的探索，在报刊杂志上发表的大多是评述性文章。至2016年5月，以此为主题的论著数量则呈现出爆发式增长，其中已经出版的著作达上百部，中国知网上以“一带一路”为关键词的论文达22万多篇，之后公布的以此为主题的国家社科基金项目几十项。研究内容虽然涉足了与此有关的各个领域，但大多数还是以某一领域的内容为主，整体性梳理、评述的文章较少。基于此的考虑，本书围绕“一带一路”战略的展开，尝试从政策、经济、文化、影响、风险五个方面加以全面考衡，为今后“一带一路”战略的全方位铺开提供理论与现实的借鉴。

具体而言，全书分为绪论、正文两部分。绪论部分重点介绍了本书的由来，“一带一路”战略研究中所面临的现实问题以及其历史演变的历程。正文部分共分五章。第一章为“一带一路”战略的政策视野，从宏观上阐明了“一带一路”战略的演进历程。第二章为“一带一路”战略的经济格局，侧重从贸易、投资、产业三个方面分析了“一带一路”战略的经济内涵，说明了经济领域在“一带一路”战略中的重要性和存在的风险。第三章为“一带一路”战略的文化基因，此处与序言中的历史渊源连接起来，点明了“一带一路”中的文化内涵及其在推动“一带一路”战略中的文化作用。第四章为“一带一路”战略的风险与防范，在前面的分析基础上，说明“一带一路”战略给予我们众多机遇的同时，也存在大量的风险。显然，只有在做好防范的基础上，才能真正收获“一带一路”所提供的战略性收益。第五章为“一带一路”战略的双面影响，即“一带一路”战略不但给中国社会带来前所未有的机遇与挑战，为中国内部沿线各省市的经济转型等铺垫了诸多条件，也给“一带一路”沿线国家和地区带来众多的发展良机。

第一章

“一带一路”战略的政策视野

2013年，习近平总书记分别在哈萨克斯坦和印度尼西亚进行国事访问时提出了建设“丝绸之路经济带”和“21世纪海上丝绸之路”的战略构思。之后，在2013年党的十八届三中全会审议通过的《关于全面深化改革若干重大问题的决定》中，“一带一路”战略构想被提升为国家战略，提出加强和周边国家、区域基础设施互联互通建设，推进“丝绸之路经济带”和“海上丝绸之路”建设，形成全方位开放新格局[①]，由此拉开了“一带一路”战略建设的序幕。2014年，从政策层面进行多方论证，加大与相关国家和地区的沟通、宣传，在此基础上中央政府对于“一带一路”战略的建设出台了一系列政策方针和相关配套措施。2015年中央“一带一路”战略建设工作领导小组成立（图1－1）。

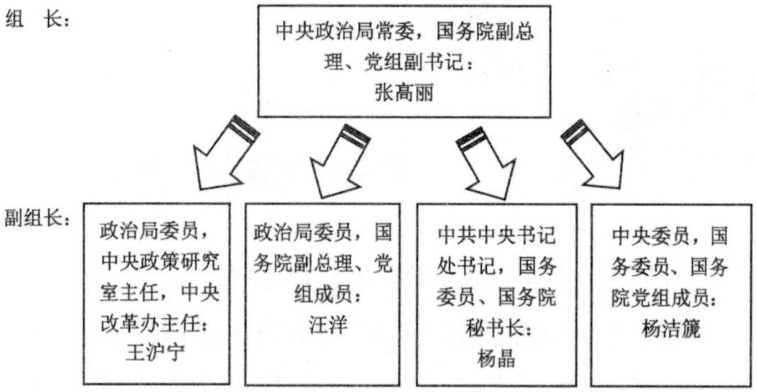

图1－1 “一带一路”建设工作领导小组示意图

“一正四副”高规格的领导小组的成立显示出中央对于“一带一路”战略建设工作的重视，也意味着“一带一路”战略的建设进入全面提速阶段。

第一节 “一带一路”战略政策行动

自“一带一路”战略构想提出以来，至今已经形成了

① 习近平：《关于“中共中央关于全面深化改革若干重大问题的决定”的说明》，《党建研究》2013年第22期。

一个相对完整的政策行动链。内部，上自中央，下至与此相关的各级地方政府均有相应的政策措施出台；外部，则与相关国家和地区展开了全面的协商，截至2016年6月初，我国已经与“一带一路”沿线中的30多个国家和地区签订了合作协议或建设谅解书。

一、全方位的顶层设计

2015年3月28日，国家发展和改革委员会、外交部、商务部经国务院授权，联合发布《推动共建丝绸之路经济带和21世纪海上丝绸之路的愿景和行动》（以下简称《愿景》）①。这份《愿景》全面阐述了“一带一路”战略的内涵与主张，是对“一带一路”战略进行全方位的顶层设计，提出共建“一带一路”战略的方向和任务，对于“一带一路”战略进行原则确定和框架探索。《愿景》提出“一带一路”战略恪守联合国宪章的宗旨和原则、遵守和平共处五项原则，坚持开放合作、和谐包容、市场运作、互利共赢的原则。这是“一带一路”战略建设的基本原则，是实现各国共同发展、共同繁荣的基础。《愿景》中对于“一带一路”战略的线路规划提出了清晰的框架。一边链接商贸繁荣的欧洲经济圈，一边链接蓬勃发展的东亚经济圈，穿越中亚、南亚、西亚和非洲部分地区，腹地广阔，经济发展潜力大（表1－1）。

① 国家发展和改革委员会等：《推动共建丝绸之路经济带和21世纪海上丝绸之路的愿景与行动》，《人民日报》，2015年3月29日。

表 1－1 “一带一路”战略沿线国家清单表

沿线国家						
东北亚 4 国：蒙古，俄罗斯，日本，韩国。	东南亚 11 国：印度尼西亚，泰国，马来西亚，越南，新加坡，菲律宾，缅甸，柬埔寨，老挝，文莱，东帝汶。	南亚 8 国：印度，巴基斯坦，孟加拉国，斯里兰卡，阿富汗，尼泊尔，马尔代夫，不丹。	西亚北非 16 国：沙特阿拉伯，阿联酋，阿曼，伊朗，土耳其，以色列，埃及，科威特，伊拉克，卡塔尔，约旦，黎巴嫩，巴林，也门共和国，叙利亚，巴勒斯坦。	独联体其他 6 国：乌克兰，白俄罗斯，格鲁吉亚，阿塞拜疆，亚美尼亚，摩尔多瓦。	中东欧 16 国：波兰，罗马尼亚，捷克共和国，斯洛伐克，保加利亚，匈牙利，拉脱维亚，立陶宛，斯洛文尼亚爱沙尼亚，克罗地亚，阿尔巴尼亚，塞尔维亚，马其顿，波黑，黑山。	中亚 5 国：哈萨克斯坦，乌兹别克斯坦，土库曼斯坦，吉尔吉斯斯坦，塔吉克斯坦。

相关资料显示，这些沿线国家 GDP 总和占全球 GDP 总量的 55%，人口占 70%，已探明资源储量占 75%，有着巨大的经济潜力和发展动力①。在此基础上，《愿景》中规划了“一带一路”战略的合作重点，沿线各国资源禀赋各异，经济结构互补性较强，互相之间的合作潜力和合作空间巨大，提出了以互联互通为主要内容的“五通”，即“政策沟通、设施联通、贸易畅通、资金融通、民心相通”。通过双边和多边合作机制，发挥区域、次区域国际论坛和展会开展沿线国家的交流与沟通。同时，对国内各地区发挥比较优势

① 伊斯哈克·瓦西姆：《一带一路伟业：中国与沿线国家的作为》，《开放导报》，2015 年第 4 期。

参与“一带一路”战略明确了自身定位，提出加强东西合作，全方位提升对外开放水平。《愿景》是中央在“一带一路”战略倡议基础上提出的对战略建设的一个全方位设计，标志着“一带一路”战略由理论构想进入建设行动。

专栏1-1

截至2016年6月22日，共有70多个国家和国际组织积极参与“一带一路”建设，中方制定出台了推动共建“一带一路”的愿景与行动文件，并同30多个国家签署了共建“一带一路”的合作协议。中国同20个国家签署了产能合作协议，同“一带一路”沿线17个国家共同建设了46个境外合作区，中国企业累计投资超过140亿美元，为当地创造6万个就业岗位。亚洲基础设施投资银行正式运营，57个国家积极参与其中；丝路基金、中国—欧亚经济合作基金等顺利组建。2015年，中国同“一带一路”参与国双边贸易额突破1万亿美元，占中国外贸总额的25%；中国企业对“一带一路”沿线49个国家的直接投资额近150亿美元、同比增长18%；“一带一路”参与国对华投资额超过82亿美元、同比增长25%。“一带一路”建设已经初步完成规划和布局，正在向落地生根、深耕细作、持久发展的阶段迈进。

资料来源：习近平：《中国与“一带一路”沿线17国家建设46个合作区》，观察者网；http：//www.guancha.cn/Neighbors/2016_06_22_365068.shtml。

二、“一带一路”战略核心——融资渠道的建设

“一带一路”战略建设要求互联互通，沿线国家经济发展不平衡，特别是大部分亚洲国家仍处在发展中国家的阶段，经济发展水平落后、发展资金不足、基础设施不完善。

“一带一路”战略的设施建设需要大量的资金投入。这是一个投入周期长，涵盖范围广，资金需求量巨大、需要长期发展的项目。“一带一路”战略大规模的资金需求不能仅仅依靠中国的资金投入，这是不切实际，也是难以实现的。“一带一路”战略实施之后，将为其提供资金支持的主要有丝路基金、亚洲基础设施投资银行、金砖国家开发银行。2014年习近平主席宣布成立丝路基金，为“一带一路”战略的建设提供资金支持。这是中国政府进行丝路建设的重要举措。丝路基金以中长期股权投资为主，投资于基础设施、能源开发、产业合作和金融合作，帮助改变沿线国家发展资金不足，基础设施落后的局面。通过股权、债权、贷款、基金等多元化投融资方式，为“一带一路”战略建设和双边、多边互联互通提供投融资支持，在运作中将遵循对接、效率、合作、开放四项原则[①]。丝路基金吸引的是想进行投资的投资主体加入，同时追求收益和回报，股权投资占很大比重。另一方面，近年来中国积极展开亚投行的组织成立工作，并于2015年12月25日在北京正式设立。这是政府间在亚洲区域的多边开放机构，各成员国均要出资，以贷款的方式促进亚洲基础设施的建设。2013年金砖国家开发银行决定成立，该行主要是资助金砖国家和其他发展中国家的基础设施建设。由于“一带一路”战略沿线国家基础设施落后，中国提出应综合利用金砖国家开发银行对“一带一路”战略的资金支持。

---

① 《丝路基金董事长：丝路基金运作将遵循四项原则》新华网，http：//news.xinhuanet.com/ttgg/2015－05/28/c_1115441522.htm。

三、“一带一路”战略的主导——中央企业项目建设的推动

2015年，“一带一路”战略建设从顶层设计进入具体实施阶段。中国政府推动以中央企业为龙头的中国企业开展海外投资建设，中央企业将企业发展和国家战略相结合，在“一带一路”沿线进行大量投资和工程建设。国务院国有资产管理委员会新闻中心发布的《“一带一路”中国企业线路图》，全面展现中央企业在“一带一路”沿线国家的“走出去”策略。地面丝路、海上丝路、空中丝路、能源丝路、电力丝路、信息丝路等六大丝路六箭齐发①。中交集团承建的塞尔维亚泽蒙—博尔察大桥及附属连接线项目、塔吉克斯坦至乌兹别克斯坦公路项目、中巴经济走廊等；中国中铁承建的特拉维夫轻轨项目、阿斯塔纳轻轨项目、乌兹别克斯坦安革至琶布铁路项目等。这些地面投资项目吹响了“一带一路”战略建设的前奏，加强沿线国家的基础设施建设为互联互通铺平道路。中央企业是中国进行“一带一路”战略建设的领头羊与主力军，中国政府推动中央企业在沿线投资建设是“一带一路”战略的重要组成部分。

四、“一带一路”战略的制度保障——丝路外交的开展

“一带一路”战略提出以来，中央政府积极开展“一带

① 《产权导刊》编辑部：《“一带一路”路线图发布互利共赢助中国企业走出去》，《产权导刊》，2015年第8期。

一路”战略的规划与推广。国家领导人在国际舞台上积极进行丝路外交，并取得巨大反响。中国政府与匈牙利签署的《中华人民共和国政府和匈牙利政府关于共同推进丝绸之路经济带和21世纪海上丝绸之路建设的谅解备忘录》[①]，是中国与欧洲国家签署的第一个此类文件。中国与俄罗斯也签署了《关于丝绸之路经济带建设与欧亚经济联盟建设对接合作的联合声明》，以建立丝路战略和欧亚联盟建设之间的联系，协调中俄两国在亚欧大陆发展上的沟通与合作[②]。在北京召开的亚太空间组织发展战略高层论坛上，各国讨论并通过了《亚太空间合作组织发展战略高层论坛北京宣言》[③]，宣言声明将构建“一带一路”战略空间信息走廊，通过互联互通，实现天地一体化，让空间信息更好的服务各国经济社会发展。中国高度重视标准化对“一带一路”战略建设的基础性支撑作用，倡导沿线国家加强技术标准体系对接，致力于以标准化促进沿线各国的“五通”，共同推动产品标准的协调一致。中国政府积极主动地推动“一带一路”战略的国际合作，吸引沿线国家加入“一带一路”战略的各类项目协议中，以开放的姿态与沿线各国在制度和政策层面上为“一带一路”战略的发展搭建舞台。

“一带一路”战略是21世纪中国政府实现国家全方位对外开放、加强区域经济合作的重要国家战略。中央政府积极的政策方针是“一带一路”战略发展的重要推力，国内外的目光都聚集在中国中央政府如何将“一带一路”战略

---

① 林颖、王林、王莉：《欧洲之心：布达佩斯》，《中国外汇》，2015年第12期。

② 李建民：《丝绸之路经济带、欧亚经济联盟与中俄合作》，《俄罗斯学刊》，2014年第5期。

③ 刘洁、刘姝、田胜：《亚太空间合作组织：机遇和挑战并存——访亚太空间合作组织秘书长张伟》，《中国航天》，2011年第10期。

构想由倡议推向具体实践。中央政府各层面的政策支持是“一带一路”战略发展的发动机，也是链接国内外政策项目的润滑剂。

第二节
“一带一路”战略中行为体的策略反应

“一带一路”战略提出之后，引起沿线国家和地区的不同反应，为了更好地分析反应的差异性，此处采取结构主义理论加以考察。结构主义理论起源于20世纪初。当时西方一部分学者提出对人文科学的研究要注重综合研究，因此提出了“体系论”和“结构论”的思想，强调从大的系统方面来研究事物的结构和规律性。任何事物的任何行为都是处于一个复杂的统一整体内，其中任何一部分都不能被孤立的理解。系统、行为体和结构是构成结构主义理论本体论的三个概念，结构是其中最为核心的概念。结构为行为体提供了一个分析框架，在这个框架中，行为体间进行互动并发生联系。系统是在结构中各个行为体互动的各种组合①。各个行为体在结构中根据自身的利益进行行为选择。

在“一带一路”战略下，有着不同的行为体。从国内层面上来说，各个地方政府作为不同的行为体对“一

① 李治军：《美韩同盟与东亚安全：一种结构主义理论的分析》，复旦大学博士论文，2008年。

带一路”战略的参与有着不同的反应；从国际层面上来说，各个国家将会基于自己在这一结构体系中所受到不同的利益影响进行不同的行为选择。国内而言，根据地方政府在“一带一路”战略结构中所处的不同地位，他们对参与“一带一路”战略做出相应的反应。国外来说，不同国家对“一带一路”战略的反应不同，正是基于他们作为一个行为体在结构中所受到的不同利益影响所做出的行为选择。在这些不同层面的行为体的行为反应中，资源是各个行为体进行行为选择的依据，利益是其行为选择的目标。各个行为体根据自身在“一带一路”结构体系中的资源优势做出不同的行为选择，来寻求符合自身的最大利益。

一、“一带一路”战略下国内各个地方政府的行为反应

“一带一路”战略实施以来，特别是《愿景》发布之后，中央政府对各地方在这一结构体系中发挥的比较优势，做了清晰的规划。各地方根据自身在结构中的利益衡量，对“一带一路”战略的反应态度大多以积极为主。都表示将积极参与“一带一路”战略的发展建设，抓住机遇，实现本地区的产业转型、升级与经济发展。《愿景》规划中圈定18省份重点参与“一带一路”战略建设，在2015年之后进入实质性操作阶段，成为各省份的共识（表1－2）。

同时，包括未被提及的省份，全国已有28个省份在2015年召开的地方两会中，政府工作报告均不同程度地提

到了“一带一路”战略[①]。“积极融入、参与‘一带一路’”被频繁提及，“积极”成为各省份的共同态度。各地方作为不同行为体对“一带一路”战略结构中的不同定位有着不同的反应。

表 1－2　“一带一路”战略沿线省份清单表

西北地区	东北地区	西南地区	沿海地区	内陆地区
新疆（核心区）、陕西、甘肃、宁夏、青海、内蒙古	黑龙江、吉林、辽宁	广西、云南、西藏	福建（核心区）、上海、广东、浙江、海南	重庆

（一）核心省份的重点发展

《愿景》规划中确定新疆为打造“丝绸之路经济带”的核心区，支持福建建设成“21 世纪海上丝绸之路”的核心区。作为古代陆、海丝绸之路的重点地区，新疆和福建在新时代“一带一路”战略规划中被确定为核心区域，积极迎接丝路建设的发展机遇，实现跨越式发展。这两个省在“一带一路”战略规划中占据天然的区域地理优势。

新疆为打造“丝绸之路经济带”核心区，提出以乌鲁木齐和喀什作为节点，利用地缘优势深化与周边国家和地区的交流与合作。新疆地处边疆，中亚四国一直是该区的主要贸易伙伴（表 1－3）。

① 《20 省份全面布局一带一路 区内上市公司闻鸡起舞》，《上海证券报》，2015 年 1 月 28 日。

表 1－3　　新疆与中亚四国进出口总额及占全区进出口总额百分比表　　单位：万美元

	2012 年		2013 年	
	进出口总额	占全区百分比（%）	进出口总额	占全区百分比（%）
哈萨克斯坦	1116736	44	1225493	45
吉尔吉斯斯坦	403899	16	417290	15
塔吉克斯坦	140738	5	158502	6
乌兹别克斯坦	83111	3	87194	3

备注：（1）资料来源：2014 年《新疆统计年鉴》；新疆维吾尔自治区统计局网站：http：//www. xjtj. gov. cn。

（2）所取百分比以计算结果四舍五入而得。

2012 年和 2013 年新疆与中亚四国进出口总额分别约占新疆全区进出口总额的 68% 和 69%。"一带一路"战略将会把新疆与中亚的经济交流推上新的台阶。2015 年新疆地方政府工作报告中提出推进"丝绸之路经济带"核心区建设，加快五大中心建设，即把新疆建成区域性交通枢纽中心、区域性商贸物流中心、区域性金融中心、区域性文化科教中心、区域性医疗服务中心。同时乌鲁木齐 2015 年将申报亚欧经贸合作试验区，喀什综合保税区已经通过国家验收；霍尔果斯经济开发区将列为重要产业园区。新疆正在按照北、中、南的通道建设规划，加强区内基础设施建设，沟通能源和贸易渠道。新疆积极推动"丝绸之路经济带"的核心区建设进入落地阶段。

专栏1-2

张春贤：“一带一路”战略在新疆已开局

2015年3月3日下午，第十二届全国人民代表大会第三次会议新疆代表团全体会议结束后，中共中央政治局委员、新疆维吾尔自治区党委书记张春贤接受了中国网记者采访。在谈到“一带一路”战略规划时，张春贤表示，新疆对此已做好一系列计划。

“‘一带一路’战略是党中央的重大决策，在新疆已经有所开局，今年很关键。”张春贤对记者说，“未来新疆能起到桥头堡作用。同时，它既能承接国内，也能联系整个中亚和欧洲一带。所以我们现在也制定了一系列重要的计划，包括‘五个中心’的建设，交通基础设施的保障，经济贸易的联通，人文的联通等等，有一套系统的计划。”

在“一带一路”战略释放的政策红利当中，位于新疆伊犁哈萨克自治州的霍尔果斯市抢抓机遇，其建立的中哈霍尔果斯合作中心获得了税收优惠。张春贤表示，目前，这里正享受着国内最优惠的税收政策。“那里既有哈萨克人员，也有我们中国的经商人员，每天进出可免税8000元。”张春贤说。

据了解，目前霍尔果斯市正计划着力打造“国际物流港”、“国际金融港”、“国际航空港”、“国际信息港”及“国际旅游谷”，加快推进跨境人民币创新业务试点和离岸金融示范区创建工作，并加快实现中国公民赴哈萨克斯坦免签1日至7日旅游项目。

资料来源：中国网，http://news.china.com.cn/2015lianghui/2015-03/04/content_34945435.htm。

福建作为“海上丝绸之路”的前沿，发挥地缘、人缘、历史文化等优势，打造“21世纪海上丝绸之路”核心区，加快建设福建海峡蓝色经济实验区。《福建省21世纪海上丝绸之路核心区建设方案》对接国家“一带一路”战略，支

持泉州建设先行区，将福州、厦门、平潭打造为战略支点。福建主要从促进设施互联互通，加强投资贸易合作，拓展海洋合作，深化人文交流四个方面推进“一带一路”战略建设，其实施项目主要围绕“五通”进行。目前福建正在积极利用海上合作专项基金——“中国—东盟海上合作基金”开展中国—东盟海产品交易所，厦门大学和马来西亚合办中国—东盟海洋学院以及中国与印度尼西亚的海水养殖业合作等项目，均为“一带一路”建设开启新的篇章。

（二）相关省份的机遇把握

除了新疆和福建作为“一带一路”战略的核心建设区，《愿景》规划中圈定的“一带一路”战略沿线省份还有16个。西北、东北、西南，内陆和沿海及港澳台地区都有不同省份圈入“一带一路”战略规划，这些区域作为战略沿线省份，区域定位清晰，都想积极抓住发展机遇，实现本地区的发展。

陕西作为古代陆上丝绸之路的起点，现以西安为重要节点，建设成为“丝绸之路经济带”的重要支点，形成我国向西开放的重要枢纽。《陕西省“一带一路”建设2015年行动计划》强调发挥“一带一路”战略中心区域作用，打造西北内陆改革开放新高地，推动陕西对外开放新发展。目前，陕西省正在打造交通物流、科技创新、产业合作、文化旅游和金融合作五个中心，同时希望以西安高新区、西安浐灞生态区、西咸新区空港新城和国际港务区四大片区为主体，申报内陆自贸区。加强区域内的基础设施建设，针对性的加入“一带一路”战略建设，推进“丝绸之路经济带”最大物流集散中心、中吉空港经济产业园区等项目建设。

广东同样作为古代海上丝绸之路的发祥地，同时也是改革开放的先行地，现正以广州为节点，积极打造“21世纪海上丝绸之路”的桥头堡。广东省是首个上报“一带一路”战略实施方案，并完成与国家“一带一路”战略相衔接的省份，提出将广东打造成为“一带一路”战略枢纽、经贸合作中心和重要引擎。广东根据自身优势突出3个方面：突出“21世纪海上丝绸之路”建设，优化广东沿海港口布局，构建世界级港口群；突出粤港澳合作，打造粤港澳大湾区；突出经贸合作，以广交会等贸易平台为依托，扩大与沿线国家的贸易往来。推动广东自贸区的建设与“一带一路”战略相衔接，鼓励企业面向沿线国家和地区发展跨境电商；扩大航运服务业对外开放，降低外资航运企业准入门槛；要打造“国际人才港”，并率先建立具有国际竞争力的人才制度；要建立统一的社会信用体系，实行企业信用分类监管。打造“一带一路”战略重要的国际贸易门户、对外投资窗口、现代物流枢纽和金融服务中心。

当然，其他省份也都从各自的优势条件出发，抓住“一带一路”战略给予的机遇，制定了相应的发展策略。

（三）边缘省份的积极参与

《愿景》规划主要圈定了18个“一带一路”战略沿线省份发展定位。作为国家战略，“一带一路”战略所吸引的不仅仅是规划中省份的参与，其他省份也不愿错失良好的发展机遇，积极发挥地方特色优势融入“一带一路”战略的发展规划中。

山西作为中部能源大省，经济下行趋势严峻，亟需实现经济结构转型。在此次的《愿景》规划中，山西并未被提及，但是山西并未准备游离于“一带一路”战略建设之外。2015年，山西省政府发布的《关于全面扩大开放的意见》

指出，把握“一带一路”战略机遇成为山西全面扩大开放的首要任务，并明确提出打造“山西品牌丝路行”开放新名片，以开放带动能源转型。山西省政府工作报告中明确提出向西对接新“丝绸之路经济带”，期望搭上国家战略快车，优化经济结构，消化传统过剩产业。山西正在连接其他中部五省共谋对接“一带一路”战略构想建设，希望中部六省能实现资源共享，在中资园区、渠道资源方面互通有无，整合资源，构建基础设施建设的互联互通，共同对接国家战略。

“一带一路”战略的实施需要地方省份的积极参与。我国经济发展正处于转型期，各地方都有着一定程度的经济发展困境，“一带一路”战略构想是各地方打破经济发展瓶颈，融入世界经济的一个重要契机。无论是沿线省份还是边缘省份，积极融入“一带一路”国家战略是最明智的选择。各地方省份几乎都根据自身的比较优势和发展定位制定了对接国家规划的实施方案。各省份积极的参与政策是“一带一路”战略取得成功的重要保障。

二、“一带一路”战略中沿线国家和地区的行为反应

中国的“一带一路”发展战略立足于自身经济发展，希望在世界经济新形势下，通过区域内经济战略规划，一方面改变自己经济发展的瓶颈，转移过剩产能；另一方面带动区域内沿线国家和地区的经济发展，将中国的经济实力转变为国际影响力，积极塑造负责任大国以及和平崛起的国家形象。在“一带一路”战略构想结构体系中，由于地缘政治安全以及国际利益冲突等因素影响，各国作为结构中的行为

体对于中国提出的“一带一路”发展战略有着不同的行为反应。

（一）积极反应派

中国“一带一路”发展战略以区域内各国共同发展、共同繁荣为基础，欢迎区域内各国以平等合作的姿态加入，帮助区域内非发达国家进行投资与发展。这一战略受到了像巴基斯坦、斯里兰卡、马尔代夫、哈萨克斯坦、吉尔吉斯斯坦等大多数沿线国家的热烈欢迎和积极响应。中国“一带一路”战略的发展符合这些国家的利益诉求，他们能够在合作中分享中国经济的发展红利。

巴基斯坦是第一个支持“丝绸之路经济带”和“21世纪海上丝绸之路”的国家，巴基斯坦基础设施落后，需要大量资金投入，改善本国的经济发展现状。中巴经济走廊是“一带一路”战略的重要组成部分，贯通喀什与瓜达尔港，将“一带”与“一路”连接起来。巴方多次表示，中巴经济走廊是巴基斯坦的未来，将使巴成为这一地区的港口和贸易中心。

作为印度洋上的明珠，斯里兰卡有着优越的海上交通位置。虽然出现过与中国的港口风波，但是仍然不能改变斯里兰卡对“一带一路”战略的积极态度。斯里兰卡积极改善投资环境，吸引外国投资，认为建设“海上丝绸之路”将为斯里兰卡的经济腾飞带来历史机遇，将使斯里兰卡的崛起成为新的世界航空、海运、能源、商贸和旅游中心。

在中亚，吉尔吉斯斯坦总统表示愿积极参与“一带一路”战略建设，支持中国—吉尔吉斯斯坦铁路项目的建设。吉第一副总理萨尔帕舍夫提出吉尔吉斯政府完全赞同中国提出的倡议，建立“丝绸之路经济带”的互联互通。他支持新“丝绸之路”，加强交通、通讯等基础设施建设以及工艺与技术的交流，商品和资金的流动。

（二）隐晦踌躇派

“一带一路”战略虽然得到了很多国家的积极反应，但一些国家只是表达了政府层面上的支持，并没有相关实际行动。他们对于“一带一路”战略采取比较隐晦的态度。外交层面上公开积极支持“一带一路”战略建设，但对于中国的战略发展仍采取防范措施，像俄罗斯、印度以及东南亚一些与中国有着地缘争端的国家具有一定的竞争压力。

俄罗斯与中国建立了战略性合作伙伴关系。一方面，它认可中国“一带一路”战略是互惠互利的。金融危机以来，俄罗斯经济持续低迷，特别是乌克兰危机之后，面对西方国家的制裁，俄罗斯经济如履薄冰。俄罗斯以能源出口为经济发展的主要支撑力量，现亟需展开远东发展战略，但国内资金不足，在铁路、公路、能源管道等基础设施建设上需要巨额外资投入。因此，“一带一路”战略能够给俄罗斯经济发展带来新的契机，普京也表示愿积极支持和参与“一带一路”战略的建设，与沿线国家共同发展。另一方面，俄罗斯对“一带一路”战略持有防备态度，俄罗斯一直将中亚等独联体国家作为自己的势力范围，抵制其他国家的进入。2014 年，俄罗斯、白俄罗斯和哈萨克斯坦三国总统签署了《欧亚经济联盟条约》，宣布 2015 年正式启动欧亚经济联盟，随后吉尔吉斯斯坦、亚美尼亚等国加入其中（图 1－2）。

俄罗斯期望通过欧亚经济联盟强化自身在中亚地区的

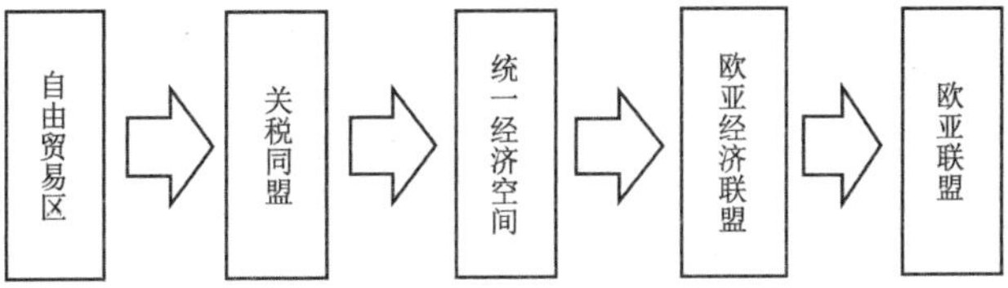

图 1－2 俄整合前苏联地区的基本路线图

影响，整合该地区的经济、政治合作，形成一个超国家联盟①。中国“一带一路”战略不可避免地会进入中亚。俄罗斯担心中国的进入会减弱自身的影响力，挤压自身在中亚地区的利益。因此，对“一带一路”战略存在矛盾的心态。

（三）战略竞争派

中国“一带一路”战略目标一方面是为了打开中国对外开放新局面，另一方面可以说是中国的一种亚太再平衡战略。避免中国的经济发展空间受制于太平洋地区，是对美国所提出的 TPP 协议的一种战略应对。对于日益崛起的中国，美、日等与中国有着激烈的战略竞争关系的国家，对中国“一带一路”战略更多的是抱着一种竞争的心态。他们希望压缩中国的战略发展空间，更多采取的是竞争措施，防范中国“一带一路”战略的顺利实施。

中、美两国是世界上最大的两大经济体，两国在经济、文化、政治、军事等各领域有着竞争和合作的关系。两国的发展战略都极大的影响着世界发展走向。在亚太地区，美国主导的 TPP 协议旨在排挤中国，扩大自身的市场，主导亚太地区的发展。在中亚、南亚，时任美国国务卿的希拉里于

① 李新：《普京欧亚联盟设想：背景、目标及其可能性》，《现代国际关系》，2011 年第 11 期。

2011年提出“新丝绸之路”，旨在推动以阿富汗为核心的、连接南亚与中亚的经济一体化和跨地区贸易。希望获取中亚能源、加大对中亚地区的控制、稳定阿富汗局势、拉拢印度，排挤中国。中国的“一带一路”战略对美国在亚太地区的TPP以及中亚地区的“新丝绸之路”战略都产生了竞争效应，影响美国在这些地区的效益。因此，美国极力拉拢相关国家进入自己的战略体系，在南海支持相关国家制造领土争端，影响“海上丝绸之路”的顺利建设，重视中亚、西亚在“重返亚洲”战略中的地位（图1－3）。

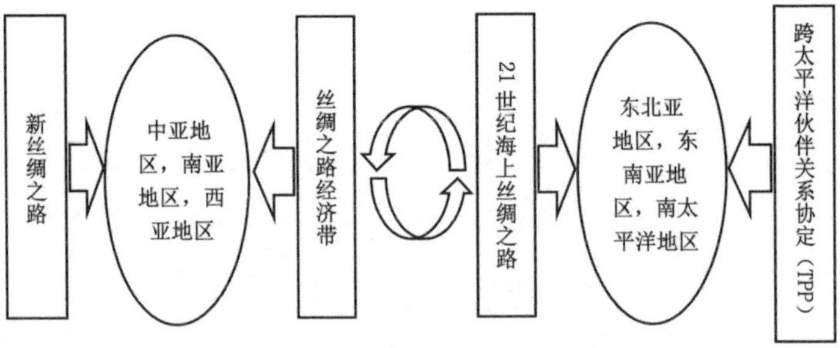

图1－3 中美亚太战略竞争示意图

“一带一路”战略构想是一个区域性的发展战略，它的提出必然得到不同国家的不同反应。有支持，有暧昧，有竞争。作为不同行为体的不同国家，出于自身利益考虑，对“一带一路”战略采取不同的反应，我们需要评估“一带一路”战略发展的国际环境，以开放的姿态积极吸引沿线国家参与“一带一路”战略的项目建设中来。

第三节
“一带一路”战略的践行与对策

“一带一路”战略构想是中国从“有全球影响的地区大国”走向“综合性的全球大国”的一次尝试。对于中国和沿线各国来说既是机遇，也是挑战。2013 年提出，到 2015 年以来的践行，虽然有着顶层设计的高度，但存在主体众多、区域情况差异较大等情况，使其在践行过程中必然会面临种种困难和问题。为此，我们针对某些问题，提出了今后的发展对策。

一、“一带一路”战略的践行

目前，“一带一路”战略虽然发布了《愿景》规划，进行了一定程度的顶层设计，但仍然缺乏详细的实施战略。中央层面对“一带一路”战略建设缺乏具体政策，“一带一路”战略构想仍然主要在战略规划和理论研究阶段。各地方虽然都出台了对接中央战略的实施方案，但是很多地方存在发展项目重合、各地盲目追赶、更注重自我发展、缺乏合理规划。“一带一路”战略进度迟缓，相关国家和政府难以进行调整和配合，很难解决法律和保障上的障碍。沿线国家和地区具体参与政策出台缓慢，仍未形成固定的沟通机制与合作平台，缺乏有约束力的合作协议保障。同时，当前各国对“一带一路”战略的实施目的还保持怀疑态度，认知不清晰，使得一些阻挠势力存在较大的活动空间。

目前有关“中国威胁论”甚嚣尘上，国际反华势力和美、日等国家为了阻碍中国的和平崛起采取舆论造势，宣扬“中国威胁论”。使得国际社会对中国的崛起有着一定的担忧。“一带一路”战略被诸多媒体渲染为中国版“马歇尔计划”，周边国家对中国“一带一路”战略的实施有着政治、安全等方面的忧虑。“一带一路”战略更多的是由中国倡导被宣传为中国主导，并被歪曲为是中国出于能源获取和安全战略的考量，并且为中国取得世界领导权而服务，是中国为改变当今世界格局和国际秩序的一种方式。近年来，中国和日本的东海问题以及中国和菲律宾、越南等国的南海争端不断发酵，美国力量的介入和挑拨，使得国际社会对中国的崛起更加敏感。“一带一路”战略被认为是实现中国梦的“国际版”，它的宣传更多看到的是中国的独舞，而缺少其他国家和地区的配合。

2015 年经济学人智库发布了《愿景与挑战——“一带一路”沿线国家风险评估》报告。该报告整体风险评分涵盖了安全局势、法律及监管、政府效能、政治稳定性和基础设施在内的十大类风险。政治风险，在“一带一路”项目建设中相当突出。以斯里兰卡为例，斯里兰卡对中国“一带一路”战略建设是采取欢迎的姿态，2015 年 1 月，新总理上台之后，位于首都科伦坡的总额为 14 亿美元的港口项目却遭遇暂停。前总理与中国政府关系密切，在位期间将数个大型基建项目交由中国国企，且截至 2014 年年中，斯里兰卡从中国的贷款总额已增至 40 亿美元。新总理上任后曾承诺将重新审查这些贷款条款并调查外商投资项目是否存在腐败行为，同时他还叫停了港口的施工。这对项目建设所造成的成本损失是巨大的，且影响深远。在“一带一路”战略沿线政治制度化较低的国家，政权的更替交迭直接影响到项目的建设和进程。

当然，与国外相对应地，“一带一路”战略的构建，已经在中国社会各界引起了强烈反响，沿线各省都制定了相应的发展规划；中国工业经济联合会则于2016年6月在北京成立了工商协会联盟，发表了北京宣言。

专栏1-3

“一带一路”工商协会联盟在京成立

2016年6月16日，由中国工业经济联合会倡议发起的“一带一路”工商协会联盟在北京成立。目前已有来自白俄罗斯、巴西、捷克、埃及、格鲁吉亚、德国、法国、印度、伊朗、哈萨克斯坦、拉脱维亚、立陶宛、蒙古、荷兰、巴基斯坦、罗马尼亚、土耳其、俄罗斯、乌克兰、中国及中国香港等20个国家和地区的22家工商协会和机构成为联盟创始成员。第十二届全国政协副主席陈元，第十届全国人民代表大会常务委员会副委员长、中国工业经济联合会名誉会长顾秀莲担任联盟总指导。第十二届全国政协常务委员、经济委员会副主任、中国工业经济联合会会长李毅中等20个国家的22家联盟创始成员领导担任联盟共同主席。联盟将按照“联盟＋云平台＋基金＋智库”的服务模式，为各国的行业企业提供项目对接服务。成立大会上发布了《“一带一路”工商协会联盟北京宣言》，宣布了“一带一路”工商协会联盟组织机构，举行了“一带一路”云平台——百域联达上线仪式，并宣布成立全球投资和并购基金联盟，启动“一带一路”产业合作智库建设。

《“一带一路”工商协会联盟北京宣言》

兹郑重宣布：

一、共同发起成立“一带一路”工商协会联盟。英文名称为Belt & Road Industrial and Commercial Alliance，简称BRICA。

二、共同秉持"共商、共建、共享"的理念，践行丝绸之路精神，推动"一带一路"相关国家和地区的产业投资和经贸合作。

三、共同发挥联通政府的作用，促进相关国家经济发展战略和对策的充分对接；发挥联系企业密切，影响力强的优势，积极构建联盟互联网工作平台和信息云网，实现信息的互联互通，推进信息的高效共享及合作项目的有效对接。

四、共同成立"一带一路"产业合作智库，汇聚各国专家智慧，扎实开展政策研究、产业规划、项目咨询等多领域合作，为联盟成员发展和"一带一路"建设提供智力支撑。

五、通过各种合作机制，促进资金的融通，为联盟成员间的经贸投资与产能合作提供多元化的服务与支持。

六、共同秉持开放包容理念，欢迎更多国家的工商协会积极加入我们的行列。通过建立联动机制，整合联盟资源，发挥协作优势，携手推动更大范围、更高水平、更深层次的交流、合作与融合。

现时耕耘，未来可期。我们坚信，"一带一路"工商协会联盟的成立，既符合当今时代发展潮流，也契合了联盟成员发展需求，开创了相关国家工商协会共同推进"一带一路"建设与合作的新纪元。我们全体成员愿意携起手来，共写开放合作、互利共赢的美好篇章！

2016年6月16日于北京

二、"一带一路"战略构想践行建议

目前"一带一路"战略倡议已经逐步进入建设阶段，涉及国内外地区广泛，区域发展不平衡，问题复杂多样。因此，面对这些问题，需要更完善的措施为"一带一路"建设保驾护航。

一方面，中央政府必须尽快出台详细的发展战略，使得“一带一路”发展战略更加清晰化、具体化，引导地方政府进行合作规划，统筹区域发展。“一带一路”战略不是盲目的上项目、拼业绩，重复建设只会造成无谓内耗，定位不清晰，会产生恶性竞争。各地方政府需要保持清醒头脑，服从大局，根据中央的定位，发挥自身的比较优势参与“一带一路”战略建设。

另一方面，“一带一路”战略建设不能仅仅依靠中国的力量，它更需要沿线各国的广泛参与。中国虽然设立了丝路基金，但远远无法满足“一带一路”战略建设的巨额资金需求。“中国威胁论”甚嚣尘上，需要加强对“一带一路”战略的认知管理，强化“一带一路”战略合作共赢的发展思路。中国是“一带一路”战略的倡议国，不是主导国。“一带一路”战略构想是各国以平等互利的原则实现共同发展的平台，不是中国增强区域控制力的工具。建立“一带一路战略”沿线国家有效的沟通机制和框架协议，可以在政府部门、民间组织、跨国企业等不同层面建立常态化的领导组织和合作平台。

第二章

“一带一路”战略的经济格局

“一带一路”战略构想的出台和践行，虽然隐含着政治、经济、文化等各个领域的内容，但其核心则为经济领域的沟通、发展。在交通领域的讨论，相对深入，不再专门单列出来分析，而是把它的内容放入其他领域中加以描述。此处主要集中在贸易、投资及产业三个方面，来分析“一带一路”战略下的中国与沿线国家和地区之间的经济互联互通、和谐共赢的发展格局。

第一节
“一带一路”战略下的贸易发展

古丝绸之路是连接亚洲、非洲和欧洲的主要商业贸易通道，在促进中西方之间的经济、政治、文化等方面的交流上发挥了至关重要作用。如今对外贸易仍是拉动中国经济增长的重要动力之一，但自2007年次贷危机爆发以来，全球经济态势低迷，使得各国积极寻求区域经济合作以解决国家经济面临的困境。美国政府主导的TPP/TTIP战略意图挤压中国的贸易市场，切断中国与世界的经济联系，因此为了保证和加强中国与世界的经济往来，“一带一路”战略顺势而生。“一带一路”战略东连亚太经济圈，西接欧洲经济圈，是世界上最具发展潜力的经济合作带[①]。中国将始终秉持合作共赢的原则，在“五通”基础上促进“一带一路”战略的顺利推进，与沿线国家和地区之间建立起稳定的经济伙伴和地缘政治关系，实现中国与沿线各国的共同繁荣。

一、中国与“一带一路”战略沿线国家和地区贸易现状

我国的贸易战略曾是以比较优势为基础的“出口拉动

① 龚雯、田俊荣、王珂：《新丝路：通向共同繁荣》，《人民日报》，2014年6月30日。

增长”，欧美等发达国家和地区因其高消费能力是中国商品出口的主要市场和重要的贸易伙伴。但近年来欧美发达国家和地区在我国出口市场中所占的份额在不断下降，与此同时，中国与沿线国家的经贸往来日益紧密，特别是2008年金融危机之后，美国、欧盟等发达国家和地区需求不振，而“一带一路”沿线国家目前正处于快速发展时期，其消费需求与我国过去的模仿型、排浪式消费类似，从而为我国提供了巨大的出口市场，中国与“一带一路”沿线国家的贸易额增长迅速。根据中国与“一带一路”沿线国家的贸易数据，2001年到2014年，我国与沿线国家货物贸易额年均增速达到22.2%，高于我国外贸平均增速4.4%。2001年到2014年，中国与沿线国家的货物贸易额从839.36亿美元上升至1.12万亿美元，在中国货物贸易总额中所占的比重由16.5%增加到26.0%，其中，中国对沿线国家的出口占比从14.5%增长至27.2%[①]。

此外，“一带一路”沿线各国的资源禀赋各异，经济结构互补性较强，彼此合作潜力和发展空间很大。通过分析中国与沿线国家之间贸易的商品结构，中国出口商品以机械设备及纺织服装为主，沿线国家则日益成为中国能源及劳动密集型产品的主要来源国。公丕萍等人采用显性比较优势指数、敏感性行业度量及k值聚类算法等方法，对中国与沿线国家贸易商品结构及格局进行了深入分析，得出中国与沿线国家贸易的商品结构与各国出口优势行业基本一致，并且中国与经济规模相对较小且产业结构较为单一的国家存在一些敏感性行业，出口方面涉及服装鞋帽、矿物制品及交通运输

① 邹嘉龄、刘春腊、尹国庆等：《中国与“一带一路”沿线国家贸易格局及其经济贡献》，《地理科学进展》，2015年第5期。

设备等，进口主要涉及能源、矿砂及一些资源初级加工品[①]。桑百川、杨立卓利用修正的CC指数和CS指数分析中国与沿线国家之间的贸易关系，发现我国与东南亚、南欧、中欧、南亚和西欧等地区国家的出口结构类似，贸易竞争性较强，原因在于都是依靠劳动密集型产业发展出口导向型经济；我国与南亚、东南亚、南欧、中欧、西欧和东欧贸易互补性较强[②]。

基于中国与沿线国家之间贸易的竞争性和互补性特征，在发展与沿线国家的贸易合作关系时，首先要明确双方在贸易及产业发展上各自具有的优势及其需求，在产业合作及产业转移方面既要注意借助对方的优势，实现资源和优势互补，又要在产业发展过程中避免产业同构化问题以减少贸易摩擦，提高资源配置效率，在区域内建立起需求互补、利益共享的合作机制，促进双方经贸关系的进一步发展。

二、中国与“一带一路”沿线国家和地区的贸易通道

根据国家发展和改革委员会、外交部、商务部联合发布的《推动共建丝绸之路经济带和海上丝绸之路的愿景与行动》，共建“一带一路”战略致力于亚、欧、非大陆及附近海洋的互联互通，建立和加强沿线各国互联互通伙伴关系，构建全方位、多层次、复合型的互联互通网络，实现沿线各国多元、自主、平衡、可持续的发展。“一带一路”战略将

---

① 公丕萍、宋周莺、刘卫东：《中国与“一带一路”沿线国家贸易的商品格局》，《地理科学进展》，2015年第5期。

② 桑百川、杨立卓：《拓宽我国与“一带一路”国家的贸易关系——基于竞争性与互补性研究》，《经济问题》，2015年第8期。

通过打造新亚欧大陆桥、中蒙俄、中国—中亚—西亚、中国—中南半岛等国际经济合作走廊以及与“一带一路”战略建设关联紧密的中巴、孟中印缅两个经济走廊从陆上打通我国与欧洲的贸易通道；海上则以重点港口为节点，建设海上国际大通道。

设施联通在“五通”建设中处于先导地位，中国与沿线国家之间交通系统的建设更是重中之重，根据中国与沿线国家之间建立与深化贸易伙伴关系的共同诉求，以各国国内现有的交通设施为基础，在贸易通道的特定走向上重点打通缺失部分，为促进双方经贸关系的发展以及产业输出构建新的战略通道。目前在中国对外贸易的运输方式中，海运仍然占据着最重要的地位，承担了中国近90%的外贸货物运输量。由于美国“亚太再平衡”战略对中国海上贸易通道构成的实际威胁，加上中国现有的海上贸易通道过于依赖马六甲海峡，这些因素都将给中国的贸易、能源安全带来安全隐患。中国作为世界贸易大国，贸易通道是中国经济重要的生命线，目前中国贸易通道呈现出过度依赖海上贸易航线的局面，所以拓宽贸易通道，保障经济安全势在必行。

新“丝绸之路经济带”建设旨在利用我国广阔的内陆地区特别是中西部地区，通过建立大陆通向的国际港口，从陆路上实现中国向西的开放体系，新疆阿拉山口、霍尔果斯和红其拉甫三大公、铁路口岸将成为连接国内通道和境外通道的重要枢纽，陆上贸易通道建成之后将使中国中西部地区与欧洲大陆直接对接，与原有的海上通道共同保障面向欧洲、中东地区的贸易及交流[①]。既能为西部地区的发展带来动力，又能加强中国与世界市场的经济联系，对冲以美国为

① 冯浩：《一路一带战略下国际通道建设问题的思考》，《综合运输》，2014年第10期。

首等国家意图挤压中国贸易市场的风险。另外，“一带一路”战略打造的陆上贸易通道与原有的海上贸易通道相比，将减少中国对外贸易的运输里程，节省国际贸易成本。由此可以看出，“一带一路”战略将拓宽中国现有的贸易通道体系，改变目前贸易通道单一性的状态，为中国与世界市场开展广泛贸易奠定基础。

陆上贸易通道建设以新亚欧大陆桥的建设为主，陆上贸易通道的建设方向是通过中国广阔的内陆地区向西延伸至世界上最大的“单一市场”——西欧，中国作为倡导方在古丝绸之路的基础上推动新丝绸之路建设，一方面能改善中国当前国际贸易运输方式和线路相对单一的格局，丰富中国的贸易通道体系，减少贸易成本，促进中国对外贸易的发展；另一方面有利于中国的贸易运输安全，中国目前的海上运输通道面临着多种威胁，海上通道一旦受损将对中国的贸易和经济安全带来重大打击。贸易通道的拓宽对促进贸易的发展，维护贸易和经济的安全具有重要意义。

我国现有的沟通东西方经贸交流的陆上通道之一就是拥有百年历史的第一亚欧大陆桥，它东起俄罗斯远东地区的哈巴罗夫斯克和符拉迪沃斯托克港，通过西伯利亚大铁路直达荷兰鹿特丹港。这条铁路线是世界上最著名的国际集装箱多式联运线之一，将东南亚和中亚地区与欧洲、中东地区连接起来，在促进国际贸易上具有重要地位。而作为“一带一路”战略建设重点的新亚欧大陆桥，东起中国江苏省连云港，西经边境的阿拉山口到达哈萨克斯坦、俄罗斯等国，终点是荷兰的世界第一大港鹿特丹港。这条铁路线很大一部分经过原“丝绸之路”，跨越欧、亚两大洲，经过中国、中亚、西亚、东欧和西欧等 40 多个国家和地区，联结太平洋和大西洋。它比第一亚欧大陆桥减少路程 3000 公里，比走海路费用节省20%，时间减少一半，是目前亚欧大陆东西方向上最为便捷的通道。“一带一路”战略构想中的第三亚欧大陆桥起点始于以深圳港为代表的广东沿海港口群，沿途由昆明经缅甸、孟加拉、印度、巴基斯坦、伊朗，从土耳其进入欧洲，最终抵达荷兰鹿特丹港，比目前经东南沿海通过马六甲海峡进入印度洋行程要短3000公里左右。除此之外，中国铁路总公司按照日行1000公里、全程运输时间在12天左右的要求，铺设了西、中、东三个方向的中欧班列运输线，西部通道由我国中西部经阿拉山口（霍尔果斯）出境，中部通道由我国华北地区经二连浩特出境，东部通道由我国东南部沿海地区经满洲里出境，依托于亚欧大陆桥的中欧间国际铁路集装箱班列，成为实现双方物流与商贸发展的重要通道。目前包括“渝新欧”、“汉新欧”、“蓉欧”、“义新欧”、“郑欧”等在内的多条货运班列凭借运距短、速度快、安全性高的优势成为中欧之间陆上贸易通道的主要运输方式。

海上贸易通道的建设是基于古代海上丝绸之路的航路和新时期的现实需要而提出的。“21世纪海上丝绸之路”的战略合作伙伴并不仅限于东盟，而是以点带线，以线带面，实现东盟、南亚、西亚、北非、欧洲等各大经济板块的连接，发展面向南海、太平洋和印度洋的战略合作经济带。“21世纪海上丝绸之路”重点方向是从中国沿海港口经南海到印度洋，延伸至欧洲；从中国沿海港口经南海到南太平洋。海上以港口建设及互联互通为重点，促进海上航道的安全与高效。沿海港口的建设是“海上丝绸之路”建设的先导，既包括国内沿海港口的建设，同时也要加快沿线的巴基斯坦瓜达尔港、孟加拉国吉大港、斯里兰卡汉班托塔港等印度洋战略性港口等基础设施建设，由港口建设带动海上航线建设。

海上贸易通道建设进一步完善和巩固了中国沿海发达地区与世界市场联系的海上通道，继续发挥中国沿海发达地区在产业发展上的优势，由此带动中国经济的发展。

“一带一路”战略下陆上贸易通道及海上贸易通道的建设，将通过陆上“丝绸之路经济带”贯通亚欧大陆，实现太平洋与大西洋的连接；“21 世纪海上丝绸之路”则从东亚到南亚，实现了太平洋与印度洋的连接。一陆一海通道建设最终将使得亚、欧、非三大洲构成闭合的经济圈，为实现三大洲之间的经贸合作提供便利的交通运输条件，从而实现中国与沿线国家和地区经济的共同繁荣。

三、“一带一路”战略下的贸易结构调整

“一带一路”战略构想包含东亚段、中亚段、西亚段、南亚段、东南亚段、中东欧段和西欧段，这些地区资源禀赋各异，中亚各国拥有丰富的矿产资源，是世界上石油和天然气资源蕴藏最丰富的地区之一；南亚与东南亚地区拥有广阔的市场；中西欧国家则拥有高消费能力和科技优势。在“一带一路”战略下，扩大中国与沿线国家的贸易往来，深化中国与沿线国家的经济合作，并在吸收各方优势的基础上实现中国的贸易结构调整，完善中国的产业链及产业结构的改造升级。因此，我国应该在继续发挥现有的劳动力资源以及自然资源比较优势的同时，积极利用沿线国家的国际优势竞争要素，实现增强我国贸易产品的市场竞争力，开拓多样化国际市场的战略目的。

“一带一路”战略的最终目的是在双方互惠合作的基础上实现中国与沿线国家的协同发展。中国目前处于经济转型升级和化解国内产能过剩的关键时期，东部沿海地区自改革

开放以来承接了大量发达国家转移的劳动密集型及资源密集型产业，但由于国内外消费能力因金融危机受挫、我国人口红利渐趋消退导致劳动力成本升高致使我国制造业发展处于瓶颈期。中国多年来的发展积累了一定的资本、技术和发展经验，并且沿线国家具有劳动力和资源环境的优势，使得中国可以将部分产业转移至周边国家，建立相应的合作型产业园区，通过区域内分工与合作构建区域产业链网络，既可以输出国内的过剩产能，又可以为周边国家制造业的发展注入资金与技术，提高周边国家制造业发展水平。

“一带一路”沿线国家多为新兴经济体和发展中国家，工业多处于中低端水平，普遍面临实现工业化的任务。而中国自加入世界贸易组织以来，凭借多年的快速发展不仅积累了大量的资金，而且与这些新兴经济体相比，中国所具有的基建工程优势、技术优势以及熟练劳动力恰好是这些国家在发展经济时的薄弱环节。沿线国家为中国基建相关产业及交通运输类提供了巨大的出口市场，同时中国能够以相对较低的价格为沿线国家提供它们所需的产品和服务，如作为中国名片之一的中国高铁，凭借领先世界的技术和低廉的价格不断走出国门走向世界市场。这种贸易上的互利性使得双方的贸易伙伴关系更加牢固。

此外，沿线国家对基建需求的增加促进了我国对外工程承包施工企业的发展。施工企业“走出去”不仅能消化国内存在的建筑业及制造业产能，而且为中国向沿线国家转移优势产能提供了机会，通过发挥中国在传统制造业领域尤其是基础设施建设领域的技术优势，实现“全球生产，就地销售”带动整个“基础设施产业链”的建设，继续夯实中国在这些行业的优势，使产品结构走向新高度；在技术方面继续寻求新的突破和创造中国的品牌优势，提高产业的竞争力从而占据更多的市场份额。另外，沿线国家基础设施的完善将进一步提高中国与“一带一路”沿线国家的互联互通水平，提升交通运输速度和运载能力，贸易便利化水平的提高将推动双方经贸关系的进一步深化与合作，实现合作双方的互利共赢。

在制造业领域，中国是具有强大生产供给能力的制造业大国。但是自改革开放以来，我国的制造业是外资主导型的加工贸易模式，我国出口的产品大多数是劳动密集型和资源密集型产品，技术含量较低、产品附加值不高，处于价值链的低端环节，而且中国的制造业在地区分布上极不平衡。近年来随着国内生产成本上升，我国出口商品的竞争力有不断下降的趋势。为了增强外贸产品竞争力需要不断优化我国的贸易结构、积极发展新产品新技术、改变现在制造业停留在全球贸易链中低端环节的现状。“一带一路”战略构想上南亚段及东南亚段中部分发展中国家在劳动力及资源环境上的低成本优势，与中国在服装鞋帽等劳动密集型产品上存在较强的竞争，并逐渐成为新一轮国际低端技术制造业产业转移的新选择。中国与这些国家存在的同构化现象加剧了双方之间的竞争，不利于双方的经济发展。与这些国家相比，中国在资本和技术上具有的比较优势使得我国可以将劳动密集型产业转移至这些国家，在这些国家共建加工厂和生产基地，发挥各自的优势竞争要素以深化双方的合作关系。一方面可以充分利用这些国家的低人力成本和廉价的优质生产资源以控制生产成本，提高商品在世界市场上的竞争力，同时减少中国与沿线国家产业同构化现象导致的贸易摩擦；另一方面，中国要转移的劳动密集型产业是这些国家目前蓬勃发展的比较优势产业，这些国家在这些产业的发展上已积累了一定的市场条件，而且符合这些国家经济发展的诉求，中国投入的资本和技术可以带动这些国家产业升级和工业化水平提高，建立起中国与沿线国家之间跨境产业链，实现资源的合理配置。

对于“一带一路”战略构想上发达的欧洲国家而言，它们是中国重要的贸易伙伴，双边贸易往来频繁，欧盟连续多年为中国第一大贸易伙伴、最大进口来源地和第二大出口市场，而且欧洲国家在高端制造业、金融业等领域上具有的国际竞争力将为中国产业的发展提供借鉴。在制造业领域他们具有相对成熟的生产体系和先进的生产理念，在技术研发和储备上的优势更是中国所欠缺的，尽管中国在劳动力成本上具有比较优势，但因为现代产业发展的关键动力在于技术、资本和知识型人才，中国在这些方面的劣势使得中国的制造业大而不强。为了在全球产业格局演变浪潮中形成具有国际竞争力的产业体系，对于中国而言，既要发挥目前在加工贸易上积累的经验与优势，推动传统产业升级，更为重要的是集中精力在高端制造业和新兴产业上形成自己的优势，中国应当注重与发达国家之间的合作，将其先进技术与产品引入中国，在现有的生产制造能力基础上利用欧洲国家的技术和经验发展中国的高端制造业，变革现有的生产方式和营销方式，促进双方贸易、技术的交流，加速中国产业的转型与升级。中国与欧洲分别位于“一带一路”战略构想的两端，而且双方的贸易往来量巨大，陆上西进战略为中欧贸易创造了时间更短、运价更低的条件，而贸易的发展会带动双方在更多领域的交流合作，推动中欧全面战略伙伴关系建设和亚欧经济一体化。

“一带一路”战略下基础设施的建设首先将中国的东部与西部地区连接起来，为我国东部地区的部分饱和产业向西部地区转移提供了途径，中西部地区产业发展大多集中在能源化工等领域，产业结构极其相似，不利于产业的长远发展。东部沿海地区产业的发展目前受制于土地、人力成本、资源和环境条件的约束，而中国西部地区土地面积广阔、资源较东部地区更为丰富和沿边的地域优势，适合承接西部地区占比相对较少的劳动密集型的中低端技术制造业，这种产业转移将优化各自的产业结构，形成合理产业链分工体系。西部地区在"一带一路"战略下将成为我国新的外贸增长点：一方面可以利用其沿边优势直接将"中国制造"出口到周边国家，在周边国家的市场中占据更大的份额，而且更加方便与周边国家进行贸易投资和产业合作，为西部地区产业的转型升级提供便利，带动中国西部地区经济的发展，缓解国内地区之间发展不平衡的问题；另一方面，将中国目前的低附加值产业转移至西部地区可以为东部地区高端制造业的发展释放出更大的空间，促进中国产业结构的升级。随着东西部地区紧密联系将使得东部引领西部，西部推动东部的经济发展，两地在产业发展上分工更加明确，有利于发挥各自所具有的优势，保障中国经济平衡发展。

在中国的工业化和城市化进程中能源仍旧发挥着重要的作用，伴随着中国经济的快速发展，中国的能源需求量不断上升。由于国内能源储量和环境的限制，中国的能源进口量巨大。西亚能源储量丰富，并且其经济的增长主要依靠能源出口，但其加工制造业和基础设施建设发展水平较低，使得中国对中亚形成了以能源为主导的单一进口商品结构，中亚从中国进口大量质优价廉的制造业产品，中国与中亚经济之间具有较强的互补性。近年来，中国已跃居为中亚地区最大的贸易投资伙伴，而中亚地区是中国重要的能源供应地。而且为保障国内的能源供应，中国与"一带一路"沿线国家在油气资源开发上加强合作，推动双方能源基础设施建设。

近年来已经建成年输油能力达2000万吨的中哈原油管道，使得中亚的石油可直接输送至中国新疆阿拉山口，进而通过新疆的东运管道线网运至中国东部地区，为我国产业的发展提供原材料和动力，作为中国与中亚能源合作重点的中国——中亚天然气管道的建设将缓解天然气供应紧张局面，改变中国以煤为主的能源消费结构，为中国的绿色发展提供动力。随着“一带一路”战略的推进，保障油气开采运输的基础设施体系将不断完善，中国与中亚之间的能源合作将不再局限于单一的油气资源开发，而是致力于能源上下游产业链的合作，在上游的能源勘探和下游的油品加工及销售环节展开更深层次的合作，符合中亚国家加快能源产业升级和经济结构调整的发展方向，中国在油气装备制造和工程技术上具有的优势为中亚国家发展下游产业链、化资源优势为经济优势助力，推动双方能源贸易规模的进一步扩大并加强双方在能源项目上的合作。

中国的陆上西进战略使得中国西部地区与中亚地区直接对接，极大地缩短了双方之间的贸易距离，既有利于中国的制造业产品输出，带动经济实力较薄弱的中国西部地区的发展，又有利于西亚能源的输入，而且陆上能源管道建设有效地弥补了中国当前的海上能源进口路线造成的经济安全软肋。

在吸收外资方面，由于国家的政策支持以及相关配套设施的不断完善，中国内陆和西部地区将吸引外资由东部沿海地区向内陆沿边地区转移，改变当前西部地区产业发展相对落后的局面，增强承接产业转移的能力。在对外投资方面，对于沿线发展中国家，其当前工业化进程中所需的大量资金有赖于中国的支持，中国企业可加大对沿线国家的投资力度，在境外建立经贸合作区发展加工贸易、积极承揽铁路、房屋等基础设施建设工程带动国内原材料、工程机械的出口。对于西欧发达国家而言，其经济发展需要外界资本的刺激来改变长期的疲软状态，中国企业可以以资本为先导，通过并购或者建立技术研发机构用资本换取西欧国家的技术与高端劳动力，提高企业的创新能力，实现企业的转型升级。

资本、技术、自然资源、劳动力是产业发展不可缺少的要素。中国本身具有可观的外汇储量，并且“一带一路”战略中亚投行和丝路基金的设立为该战略的实施提供了资本上的支持，沿线国家欧洲段在高端制造业上具有的技术优势、中国多年来的发展经验及其在基础设施建设上积累的技术优势为整个区域产业链的发展提供技术上的支持，南亚、东南亚地区具有廉价劳动力及优质原材料和西亚地区拥有储量丰富的能源，在与沿线国家展开经济合作时要明确各个地区的优势要素条件，在产业发展中结合该国家的经济发展模式选择适宜的合作领域。中国将发挥带头引领作用使“一带一路”战略在互利共赢的基础上实现各国和各地区优势资源的合理配置和优势互补，带动整个区域内经济的发展。

第二节
“一带一路”战略下的投资

伴随“一带一路”战略的推行，投资成为中国与“一带一路”沿线国家和地区战略合作的一个重要领域。借助投资，既能充分整合中国与“一带一路”沿线国家和地区之间的资源与要素，使双方从中获取最大的利益；又能带动中国资本“走出去”，实现深化改革和扩大开放的新需求。

一、投资渠道

从投资渠道来说，“一带一路”战略实施的资金来源大致可以分成三部分：一部分源于各级政府、中央企业等（即国有资本），一部分源于民营企业和社会大众（即民营资本），最后一部分来自“亚投行”、“丝路基金”等金融机构。

（一）国有资本的投资

在“一带一路”战略实施过程中，大型国有企业应把握好这次机遇，起到领军带头的作用。国务院国有资产管理委员会的数据显示，中央企业境外投资额约占我国非金融类对外直接投资的70%，对外承包工程营业额约占我国对外承包工程营业总额的60%。境外投资和对外工程承包的增长加速了中国装备制造“走出去”。2014年，中国共有62家承包商上榜世界250强，已有1家进入前10名，5家进入前30名[①]。

在对外投资领域，国有企业从能源开发到交通运输以及基础设施建设方面已经积累了丰富的经验，具备一定的竞争优势。如在高铁、航天、通信等领域，已经具备国际领先的技术水平；另外在钢铁等原材料方面，我国也有着很高的生

① 王林等：《“一带一路”上 国企要警惕哪些“坑”》，《中国青年报》，2016年4月18日；http：//news.ifeng.com/a/20160418/48491126_0.shtml。

产水平。在对外投资过程中，国有企业要充分发挥自身的优势，与沿线国家形成优势互补的合作模式；在促进沿线国家经济发展的同时，进一步提高自身的国际竞争力。另外，国家通过建立亚洲基础设施投资银行（简称“亚投行”）以及丝绸之路基金，可以与沿线国家建立更深层次的经济贸易往来，吸引更多的资金投入。

对于基础设施的投资建设，国有企业应该担起重任。由于基础设施建设投资回报率低，建设周期长，许多民营企业和民营资本不愿意涉及。但是，基础设施的建设对于“一带一路”战略的实施却有着至关重要的意义，所以国有企业有责任、有义务将资本投入到基础设施的建设中。

此外，中央政府要正确引导地方政府参与到“一带一路”战略的建设中来，促进沿线地区与其周边国家的经济贸易往来。地方政府也要充分发挥自身的比较优势，在中央政府的宏观调控下，积极参与相关的投资项目。

专栏 2-1

80多家央企在“一带一路”沿线国家设立分支机构

国务院国有资产管理委员会新闻中心14日发布《“一带一路”中国企业路线图》，盘点和展现央企“走出去”发展现状。截至2014年年底，国务院国有资产管理委员会监管的110余家央企中已有107家在境外共设立8515家分支机构，分布在全球150多个国家和地区，其中80多家央企已在“一带一路”沿线国家设立分支机构。

数据显示，“十二五”以来，中央企业境外资产总额从2.7万亿元增加到4.6万亿元，年均增长12.2%，截至2014年年末央企境外资产总额、营业收入和利润总额分别占中央企业总体的12.7%、18.3%和8.6%。

路线图显示，在电力领域，央企在境外建设的电站涵盖火电、水电、核电、风电和太阳能、生物质能发电等多种类型，在周边国家建成和在建的水电项目达 17 个，总装机容量近 1000 万千瓦。

在建材领域，央企在马来西亚、老挝、蒙古等国家建设大量钢材、水泥、玻璃等建材生产线，其中水泥技术工程及装备全球市场占有率达到 45%以上；轨道交通领域，央企从设备出口装备运营维护起步，目前铁路装备已实现六大洲全覆盖，轨道车辆整车产品已进入北美发达国家市场。

资料还显示，目前已有 80 多家中央企业在“一带一路”沿线国家设立分支机构，在促进基础设施互联互通方面，中央企业承担大量“一带一路”战略通道和战略支点项目的建设和推进工作，具体包括中俄、中哈、中缅原油管道，中俄、中亚、中缅天然气管道，俄罗斯等周边国家的 10 条互联互通输电线路以及中缅、中泰、中老铁路，中巴喀喇昆仑公路，斯里兰卡汉班托塔港等项目。

根据统计，目前已有近 40 家中央企业在集团层面设立专门的国际化经营管理部门，对境外业务进行归口管理，30 多家中央企业专门编制了境外法律风险防范指引，许多境外子企业设置法律事务机构或配备专职法律顾问。大部分企业建立涵盖境外业务的财务信息化体系和资金集中管理体系。

资料来源：新华网，http://news.xinhuanet.com/fortune/2015-07/14/c_1115923682.htm。

（二）民营资本投资

虽然中国国有资本对于沿线一些国家和地区的投资已具备一定规模，但主要集中在对外承包工程投资上。国有资本的投资扩张具有一定的局限性。由于国有资本的责任人和所有者存在委托—代理问题，其投资的主动性和灵活性不如民营资本。支持和鼓励民营资本参与到“亚投行”中，是加快推进“一带一路”战略进程的重要举措。

中国提出的“一带一路”战略构想，被一些外媒误解为中国版“马歇尔计划”。事实上，这两者有本质不同。“马歇尔计划”主要服务于美国的政治利益，而中国“一带一路”战略的建立更多是为了推动世界经济的发展以及促进包括亚洲在内许多国家共同繁荣。为了避免这项政策被过度的政治化而被别人误解，要更多地发挥民营资本的作用，鼓励民营资本“走出去”，以淡化政治因素。通过跨国并购方式拓展海外市场，民营资本相较于国有资本也有较大优势，企业可以通过正当的市场竞争来实现自己的并购目标。

（三）“亚投行”、“丝路基金”等金融机构的支持

要更好地实施“一带一路”战略，充分发挥国有企业和民营企业的优势。没有政府的倡导和规划的指引，“一带一路”战略无法顺利开启，没有民营企业的积极参与，“一带一路”战略就无法持续发展。

政府要为企业的投资创造良好条件：2014 年成立的“丝路基金”，该基金项目由中方主导，资金主要投向“一带一路”沿线国家的能源开发以及基础设施等领域的建设。“丝路基金”是以中长期股权投资为主的多种融资模式，目的是解决投资项目存在的融资困难等问题。

同年，中国宣布筹建亚洲基础设施投资银行，简称“亚投行”。“亚投行”创始成员国包括中国、印度、新加坡等 21 个国家，目前已有英国、德国和意大利等发达国家加入，可以看到越来越多的国家加入到“亚投行”中有助于亚太地区的互联互通，实现共同繁荣，各国的参与有利于构建更为和谐互惠的双边或多边关系。此外，更多发达国家的

加入，有助于提高“亚投行”内部治理水平，降低投资风险；有助于全球金融体系的构建和发展。

“亚投行”和“丝路基金”的设立对于“一带一路”发展战略有着重要意义。

首先，有利于促进中国与“一带一路”沿线国家的互联互通，为各国之间就各个领域的投资发展项目进行交流合作、互相沟通提供平台。促进各个国家和地区之间充分发挥自身优势，共同发展。

其次，为“一带一路”沿线的国家和地区提供投资和融资渠道。“一带一路”战略所涉及的国家大多是发展中国家，这些地区的经济发展相对较为落后，其基础设施建设投资所需的资金量很大。据亚洲开发银行估计，2020 年前亚洲地区每年基础设施投资需求高达 7300 亿美元。未来，这些地区的投资需求会非常旺盛，投资合作的机会很大。“亚投行”和“丝路基金”的筹建将会为这些国家和地区在各个领域的投资注入资金支持，促进各国经济共同发展。

最后，对于中国的经济发展有很强的促进作用。“亚投行”和“丝路基金”可以为中国的企业和投资项目提供融资平台和资金支持，以此带动中国企业的发展进步，加快中国企业“走出去”的步伐，带动中国的经济发展。

二、“一带一路”战略下的投资取向

在投资方向上，一方面要考虑“一带一路”沿线国家的实际国情和利益诉求，另一方面也要考虑我国自身的投资优势和投资回报。基于此，我们的投资应该主要面向能源、交通以及基础设施建设等领域。

（一）能源领域

“一带一路”沿线的许多国家和地区都有着丰富的能源和完善的资源结构。如沙特阿拉伯、哈萨克斯坦以及俄罗斯等国，有着丰富的石油和天然气资源。尤其是俄罗斯的石油能源储量十分丰富，并且有着很强的出口能力。数据显示，2015年俄罗斯的石油开采量达5.33亿吨，出口量达2.38亿吨，比2014年增加了7.5%[①]。对于有些国家则存在能源短缺的情况，如地处南亚的巴基斯坦地区长期受到能源短缺、电力不足等问题的困扰。

国内钢铁、电力产能过剩以及对天然气等能源的需求情况与“一带一路”沿线的许多国家和地区是相契合的。一方面，中国对于石油、天然气等能源的需求不断上升，据有关部门预测，中国石油消费量将从2000年的2.3亿吨增长到2020年的5.2亿—5.5亿吨；天然气消费量将由245亿立方米增长到2020年的2000亿—2200亿立方米[②]。这说明中国在未来的5—10年内将会对石油、天然气等能源有大量的需求，巨大的市场需求会吸引周边沿线国家的投资。另一方面，中国的钢铁、电力等能源则存在产能过剩的问题。数据显示，截至2014年年底，全国火电装机容量约9.2亿千瓦，火电设备利用小时数为4706小时，如以较为正常的5500小时计算，全国火电机组过剩1.3亿千瓦，以更高效率的6000小时算，全国火电机组过剩超过2亿千瓦[③]。而这些过剩的产能也正是其他一些国家或

① 《俄罗斯2015年石油出口量增7.5% 6年来首现增长》，http：//www.askci.com/news/chanye/2015/12/24/154122z0ik.shtml。

② 《中国石油天然气市场需求分析》，http：//www.3880488.com/a/yxtg/16824.html。

③ 胡卫平：《“一带一路”战略下看能源投资机遇》，《中国电力企业管理》，2015年第7期。

地区短缺的。

接下来，要考虑的是能源的输送问题。如果能源运输的成本过高，那对于能源的进口就显的得不偿失，所以必须要建立完整的油气运输系统，我国才能从投资能源领域中获益。下面分别以俄罗斯和巴基斯坦为例。上文提到了俄罗斯的石油和天然气储量丰富，并且出口意愿强烈。但是从俄罗斯远东地区到中国的石油流通运输存在一些困难：远东地区人烟稀少，交通设施和基础建设都比较落后，难以形成高效的物流系统。在此条件下，中国与俄方合作，投资建设了“中俄石油天然气管道”，一方面可以使中国更为便捷地获得所需要的能源，另一方面可以加深中国企业与俄罗斯乃至东亚地区的合作交流。

巴基斯坦是中国在南亚地区重要的合作伙伴，两国在能源领域也可以建立良好的关系。“中巴经济走廊”位于“丝绸之路经济带”和“21世纪海上丝绸之路”交汇处，是“一带一路”战略的重点项目。双方以中巴经济走廊建设为中心，以瓜达尔港、能源、基础设施建设、产业合作为四大重点，形成“1+4”合作布局①，而中巴之间的天然气管道的铺设也在“中巴经济走廊”的项目之中。通过“管道”的建设，不仅可以帮助巴方解决自身存在的电力不足等问题，还可以使中国的企业获得更多参与巴方的基础设施建设和运营的机会，扩大南亚地区的石油、天然气市场。

通过上述的分析可以看出“一带一路”战略可以为中国的企业在能源领域的投资带来新的契机，这不仅能够在一定程度上帮助我国释放多余的产能并获得经济发展所紧缺的

---

① 《中巴经济走廊：一带一路重大项目》，《新闻晨报》，2015年4月21日。

资源，还能够抓住对外的投资合作机会打开国外的能源市场。另外，通过能源领域的投资合作还可以带动交通领域、基础设施建设等领域合作的展开。

（二）交通领域

在推进“一带一路”战略计划的实施过程中，交通运输业无疑起到先导性和服务性的作用。对交通领域的投资大致可分为两个方面：一方面是建设“丝绸之路经济带”的陆路交通，另一方面是建设“21世纪海上丝绸之路”的海路交通。

对陆路交通而言，主要是对高铁、公路和铁路的投资建设。

首先，高铁领域，我国的高铁建设经历了从起步到成熟的过程，目前已经实现在我国较为广泛的使用。我国的高铁总运行里程已占世界高铁总里程的60%以上，高铁的出现大大减少了陆路交通中的时间成本。如果高铁能够连至中西亚甚至欧洲，以高铁为运输主体的陆上运输体系便可以形成，这不仅可以进一步推进亚欧经济一体化的进程，还能够促进中国中西部的经济发展。

专栏2-2

渝新欧铁路“赢”造战略支点

“渝新欧”国际贸易大通道，从重庆团结村铁路集装箱站出发，通过横跨欧亚大陆的铁路联运，到达德国杜伊斯堡，全程11179公里，途经6个国家，即重庆至兰州至新疆边境口岸阿拉山口，进入哈萨克斯坦、再经俄罗斯、白俄罗斯、波兰至德国。

自2011年1月开始，至2014年12月，“渝新欧”已成功开行130班列，共运输125万标箱，基本实现了每周三班的常态化运行，实际运行时间16天左右，实现每周稳定发班。运行两年多来，班列开行频次稳定增加，货物集聚效应初步显现。吸引了华东、华南等地的电子产品“借道”出口欧洲，TNT公司、德迅集团、德铁等一批世界知名物流运输企业来渝。

资料来源：新农网咨询，http：//www. xinn. net. cn/news/zgr1x60629n456935766xn. html。

凭借我国较为成熟的高铁建设技术和丰富的运营经验，高铁建设现在已经成为我国在国际竞争中的一个优势项目。据有关统计，“一带一路”战略涉及高铁建设规模达到2.63万公里，占全球高铁建设计划规模的28.3%①。其项目主要涉及的国家有俄罗斯、泰国以及印度尼西亚等地区。2015年6月18日，中国与俄罗斯铁路公司正式签约，负责莫斯科—喀山高铁项目，这是中国高铁签下的第一个海外订单。之后，中国又击败日本，相继拿下与泰国和印度尼西亚高铁项目的订单。

我国的公路和铁路的投资建设也在稳步进行当中。

中国十分重视“一带一路”战略所带来的投资机遇，积极推进与巴基斯坦、缅甸、泰国、蒙古等国家和地区之间的互联互通，高度重视与这些国家在铁路、公路项目上的合作。2014年12月1日，由中铁承建的尼日利亚铁路现代化项目第一标段——首都阿布贾至卡杜纳铁路宣告全线铺通。这是非洲首条按照中国铁路技术标准修建的现代化铁路。“阿卡”项目不仅成功地展示了中国铁路建设高超的技术和严格的标准，还拉动了机械设备以及钢材等资源的出口。该

---

① 马欢：《高铁出口“一带一路”沿线达2.63万公里：让沿线国家分享中国速度》，《时代周刊》，2016年3月1日；http：//finance. sina. com. cn/roll/2016－03－01/doc－ifxpvysx1773431. shtml。

项目的成功运行有助于进一步推动沿线国家钢铁项目建设的全面展开。

高铁技术作为中国的一项具有高附加值的高科技产品，其出口会带来更多的投资收益。高铁的出口以及铁路、公路的对外投资建设可进一步的推动工程建筑、机械制造等诸多行业的发展，还可以帮助消化国内一些过剩的能源。

对海路交通而言，港口的投资建设将作为基础建设的重点，成为"21世纪海上丝绸之路"推进的突破点。

从战略的发展要求来看，中国向西部的海上建设范围将集中在环印度洋地区。一方面，其相对落后的港口基础设施需要尽快地改善升级。据称，未来五年内，海湾国家合作委员会各成员国用于港口建设的资金将超过150亿美元①。印度作为一个发展中国家，其2015年的GDP增速加快至7.6%，预计未来几年的增速将会超过中国，经济发展潜力巨大。但印度港口的基础设施却普遍落后、管理混乱、效率低下。其港口的开发建设是一个极好的投资机会，若中国能把握住这个机会，不仅能够加强与印度之间的政治外交关系，更有利于中国西部地区的经济发展。

从另一方面来看，与"丝绸之路经济带"相连的通道需要以港口作为交通枢纽。中国与巴基斯坦共同建立的"中巴经济走廊"起于喀什，终于巴基斯坦的瓜达尔港。这条走廊不仅能够促进中巴两国的经济发展以及南亚地区的"互联互通"，更能够将南亚、中亚、海湾等地区通过经济领域紧密地联系在一起，形成一个利益共同体。此外，这条"经济走廊"有着重要的战略意义，它可以为中国石油运输提供捷径，避免绕到由美国掌控的马六甲海峡。

---

① 谢燮：《"一带一路"战略下的交通发展趋势》，《中国远洋航务》，2015年第9期。

对于“孟中印缅经济走廊”需要关注缅甸的皎漂港，皎漂港是一个天然良港，适合投资开发。皎漂港还有重大的战略意义，中国将与缅甸合作修建联通皎漂至昆明的铁路线，届时铁路完工后，这条线路将会成为中国向海外输送物资的大通道。此外，中缅油气管道的起点也位于此港内，管道建成后，海上进口的原油和来自缅甸的天然气等资源将会绕过马六甲海峡输送到国内，对于保障能源的安全具有重大意义。中国在斯里兰卡投资建设了科伦坡和汉班托塔两大港口，这两个斯里兰卡的港口将成为“21 世纪海上丝绸之路”的重要中转站。

随着港口的战略地位逐渐上升，中国在投资策略上也要进行升级，已经不再仅仅参与到港口的投资建设，而是更多地参与到港口的投资运营和战略规划中。未来中国对于港口的投资将更注重港口的战略价值和发展潜力，使港口建设能更好地服务于“海上丝绸之路”的战略部署。

三、“一带一路”战略中的投资风险及应对措施

“一带一路”战略提出以来，受到了外界各方的持续关注。近些年来，也在许多方面取得了一些成果。首先是外交方面，中国与“一带一路”沿线国家和地区沟通交流十分频繁：之前习近平总书记和李克强总理先后分别出访了十余个国家，在中国外交部主导下，中方同三十多个国家签署了“一带一路”表态协议，表态支持的国家达上百个。二是“亚投行”、“丝路基金”等融资平台的迅速发展：目前已有57 个国家正式宣布加入“亚投行”，其中不仅包含了“一带一路”沿线的国家，还包括英国、法国、意大利等发达国家。“丝路基金”成立后，第一个投资项目是巴基斯坦卡洛

特水电工程，投资额达 16.5 亿元；有消息称，新马高铁或将称为“亚投行”首个投资项目。可以看出“亚投行”、“丝路基金”为“一带一路”沿线国家在基础设施的投资上提供了一个良好的融资平台和资金支持。三是在能源、交通以及基础设施建设领域投资签约进展较为顺利：中国与俄罗斯合作投资了“中俄石油天然气管道”，加深了中俄双方在能源领域上的合作；中国与泰国和印度尼西亚等国也签订了高铁建设项目订单。这些项目的成功签订都为各个国家之前的互联互通以及“一带一路”战略的实施打下了良好的基础。

在取得诸多成果的同时，我们还要注意防范在推进“一带一路”战略中存在的诸多投资风险。

“一带一路”战略中，面临的风险之一是关于投资—收益问题。我们知道“亚投行”、“丝路基金”等融资机构主要的投资领域是基础设施建设方面，而基础设施的建设普遍存在投资回收期长，投资的收益率低的特点。由于基础设施存在正的外部性，所以对国内基础设施的投资是政府乐意做的，可以降低国内其他企业的外部成本，改善居民的生活条件，提高综合收益。但对于国外的基础设施的投资就很难转化为我国的经济效益。对于中国而言，如何作出调整，提高投资的回报率是一个亟待解决的问题。

风险之二是沿线国家复杂的经济状况和不稳定的国际政治局势。“一带一路”战略中投入的大量资金实际上缺乏一定保护，如果有些国家不遵守协定，欠债不还，会造成极大的风险。而“一带一路”沿线的国家大多数是发展中国家，有些国家本身存在着很大的政治风险，比如近年来，缅甸发生的对中国水电站的打压以及对中国铜矿的围堵，这都与缅甸的政治转型密切相关的；另外，如哈萨克斯坦、乌兹别克斯坦等地区出现政权交接，新政权会不会反对旧政权的政策和计划、对于之前签订的项目和协议是否承认，都存在不确定因素。还有一些国家和地区有重要的战略意义，长期以来都是全球主要政治力量角逐的焦点地区。这就意味着，如果中国要在这些国家和地区进行投资，在投资的安全性上将受到极大的挑战。这些都将是“一带一路”战略实施过程中的不稳定因素，需要引起我们的重视。

风险之三是目前仍然存在较大的资金缺口。“一带一路”战略涉及的项目众多，且大多集中在基础设施建设领域。尽管从当前来看，“亚投行”、“丝路基金”等融资平台已经建立，并且可以提供大量的资金支持。但从长远发展的角度来看，这些资金是远远不够的。首先国际政治形势瞬息万变，如果整个世界的经济形势持续低迷会影响人们投资的积极性；其次，对于存在政治风险的国家和地区，其投资项目的成本也会超出预期。这些都是我们需要考虑的问题。

对于风险的防控，要从以下三个方面做起：

首先，从政府的角度，要在制度上加强各国间的合作，即哪个国家的项目，哪个国家就要有相关的配套措施，如配套的资金、配套的政策等。以中老、中越铁路的施工建造为例。中老铁路是第一个以中方为主投资建设并运营、与中国铁路网直接连通的境外铁路项目，全线采用中国技术标准、使用中国设备。项目投资总额近400亿元，由中老双方按照70%：30%的股比合资建设[①]。

2015年，老挝实施“八五”规划中，将交通基础设施建设作为重点建设项目，排在首位的就是中老铁路。为了顺利完成这个项目，中老双方对于项目的可行性进行了充分的

① 《中老铁路项目正式落地 总投资近400亿元》，《证券时报》，2015年11月13日。

分析研究，老方在土地、税收工作、人员签证等方面提供了一系列优惠支持政策。老方一系列配套设施的完善进一步加快了项目的进程。中老铁路预计 2020 年建成通车，该项目一方面将极大地带动老挝的经济发展，提高当地运输效率和水平，并为老挝创造大量的就业机会。另一方面也将促进中国西南地区的经济发展。可见，如果项目相关的国家或地区可以很好地配合项目的开展，会极大减少投资成本，提高资金利用率，加快“一带一路”战略进程。

第二，从投资机构的角度，要加强对投资的监管，防范投资风险，保障投资收益。“亚投行”是一个政府间性质的亚洲区域多边开发机构，按照多边开发银行的模式和原则运营，重点支持亚洲地区基础设施建设。“亚投行”为“一带一路”沿线国家的基础设施建设提供了广阔的融资平台。我们知道，“一带一路”沿线大多数为发展中国家，有诸多不确定因素会导致较高的投资风险。比如：中泰高铁项目经历了日本搅局，泰国政治风波等诸多因素影响，这些都会影响到投资者的信心进而导致投资受阻。而“亚投行”作为一个国际多边金融机构，要建立规范的风险监管体系对存在的各类风险进行监控并对投资项目要进行严格的筛选，进而帮助企业规避投资风险。

第三，从民营企业的角度，对外投资过程中，要注意对投资风险的管控和规避。“一带一路”沿线的一些国家政治环境比较动荡，存在较大的政治风险。对于政治风险的处理，需要依靠国家在背后的支持和协作，创造一个稳定的投资环境；企业在对投资项目的选择上也要把好关，首先是对投资国家或地区的选择，民营企业应该尽量选择那些政局稳定，法律体系健全的国家作为投资对象；其次是对投资项目本身的选择，应尽量选择自己擅长的领域进行投资。民营企业自身也需要加强对风险的评估和防控，在进行研究调查时一定要全面、客观，对于投资中可能出现的风险要设计补偿机制，保证投资收益。在投资过程中民营企业还要处理好与国有企业的分工协作。国有企业有更多的海外投资经验和资金，可以由大型国有企业先行，承担一些大型投资项目，再将大型投资项目拆分成小的投资项目分给逐利性更强的民营企业来做，这样可以帮助民营企业分担由于经验和资金不足造成的投资风险。

第三节 “一带一路”战略下的产业转型与合作

产业转型合作是“一带一路”战略的重要建设内容，我们提出的“一带一路”战略与沿线发展中国家的产业合作与发展经贸不能仅仅局限在获取资源、能源的初级产品领域、推销本国过剩产品的市场。现在有很多声音指出，目前中国面临严重的产能过剩和经济下滑的趋势，所以我们要透过“一带一路”战略，把沿线的发展中国家作为我们过剩产品的市场，化解国内产能过剩，这种看法本身是对“一带一路”战略的误解。上述看法把战略的过程当成了战略的目的。这种以中国为中心，“一带一路”沿线国家为外围的模式，会使自然资源丰富而工业基础薄弱的发展中国家经济体锁定在国际分工的外围，这种模式会加剧沿线发展中国家对于中国崛起的威胁论的恐惧，从根本上将不利于“一带一路”产业转型、合作机制的构建和长期的持续发展。“一带一路"战略要求中国"走出去"，具有真正的国际视野，在最大限度内整合和转化全球的资源，为中国与国际社会的良性互动做出实实在在的努力。而不是仅仅把我们迫切需要的能源拿来，倾销过剩产品。"一带一路"战略构想顺应了中国要素流动转型和国际产业转移的需要。它的构想与发展是以各个地区共同的经济利益提升为基础，而这种共同经济利益的实现则是通过产业转型、技术合作、工业合作，最终以技术进步与创新来推动的。处于"一带一路"沿线的绝大多数国家，其发展程度比较低，也必然通过工业的发展实现脱贫目标。为此，正处于工业化中后期阶段的中国，可以为发展程度更低的发展中国家提供及时的发展经验，并转移一部分优质产能。这样的转移不同于以往发达国家的国际产业转移，它不是向沿线国家转移高污染、高能耗、高成本的落后淘汰产业，而是在实现"互联互通"的基础上，促进沿线国家的产业转型与升级。它受沿线发展中国家的市场容量、市场规模的影响较小，中国现在的策略是带着资本和技术"走出去"，在实现基础设施的互联互通的基础上，用基础设施的新供给创造出新需求，努力培育新市场，这样，当中国在沿线修建铁路、公路、大坝、港口、发电站便会受到较小的阻力。

一、产业转型与合作机制构建的理论基础

"一带一路"战略构想作为目前中国最高级别的顶层设计，它将充分依靠中国与有关国家既有的双边、多边机制，在陆上丝路上借助既有的、行之有效的区域经济合作平台，发挥沿线各省、特别是新疆的区位优势和向西开放的作用，深化与中亚、南亚、西亚等国家交流合作，形成"丝绸之

路经济带”上重要的交通枢纽、商贸物流和文化科教中心[①]，打造“丝绸之路经济带”的核心区。利用长江三角洲、珠江三角洲、海峡西岸、环渤海等经济区开放程度高、经济实力强、辐射带动作用大的优势，加快推进中国（上海）自由贸易试验区建设，支持福建建设“21 世纪海上丝绸之路”核心区[②]。作为国家顶层战略，我们在探索过程中逐步探索并形成一套可行的理论基础。林毅夫所提出新结构经济学（New Structure Economics）是关于经济发展的本质、结构转型与升级驱动要素的理论框架，为“一带一路”沿线产业转型与合作机制构建提供可能的阐释基础[③]。除此之外，产业结构同构化理论，避免在合作过程中各个国家脱离本地区的要素禀赋和比较优势，为我们在探索“一带一路”战略合作的过程中充分认识每个地区的优势产业和劣势产业，对产业合作大有裨益。

在新结构经济学的理论框架中，经济发展是以动态效率为基础的结构升级转型过程，产业结构内生决定于要素禀赋结构，产业结构转型与升级是一个连续发展的过程，这种发展的动力来自人口、资本与技术要求的相对充裕度和结构转变[④]。

根据王聪的研究，新结构经济学理论在“一带一路”战略构想中明显起到了理论阐释作用[⑤]。

一是从要素禀赋与结构到产业结构再到收入水平。新结

---

① 《新疆：“五大中心”构建向西开放新平台》，《21 世纪经济报道》，2015 年 3 月 31 日。

② 《推动共建丝绸之路经济带和 21 时机海上丝绸之路的远景与行动》，《人民日报》，2015 年 3 月 29 日。

③ 马莉莉、任保平：《丝绸之路经济带发展报告 2014》，中国经济出版社 2014 年版。

④ 董涛：《新结构经济学——重构发展经济学的框架》，《时代金融》2014 年第 9 期。

⑤ 王聪：《丝绸之路经济带核心区产业转型与合作：新结构经济学的视角》，《人文杂志》，2015 年第 3 期。

构经济学认为经济发展的本质是结构不断变迁的过程，发展中国家在追赶发达经济体的过程中，只有通过要素禀赋及其结构赶上发达国家，推动产业结构转型与升级，才能最终实现收入水平赶上发达国家，相反，“中等收入陷阱”的出现源于经济结构缺乏有效的调整和升级。

二是产业结构转型与升级是一个连续的、整体的过程，它在结构变化和发展过程中不仅仅需要硬性的如交通、电力、港口等基础设施建设，还需要软性的如法律法规、金融、政治体制、市场机制等基础设施建设的逐步完善。经济发展的每一个阶段是从低收入农业经济到高收入产业经济连续过程的一个阶段。持续性的技术创新、产业结构升级是经济增长的实质及普遍特征事实，需要如高速公路、港口、机场、电信系统、电网等硬件基础设施，以及制度、条例、社会资本、价值体系等软性基础设施的支持。

三是要素禀赋、比较优势、市场与政府是结构变迁的四大驱动力。一个经济体的要素禀赋及其结构会随着发展阶段的变化而升级，按照比较优势发展，会推动要素禀赋结构的提升并形成新的产业，进而推动产业结构的转型升级；按照比较优势发展，需要以价格反映要素稀缺性为前提，因而市场与政府作用存在边界：市场机制在资源配置中应发挥基础性作用，而政府在产业升级中的作用，应侧重于提供新产品信息、协调同一产业中不同企业的关联投资、先驱企业补偿外部性所带来的损失以及通过制定鼓励创新发展的政策来引导投资投入培育新产业。在整个的产业结构升级过程之中，政府的协调作用主要包括两个方面：一方面，完善基础设施建设，既包括交通、电力、通信等硬基础设施建设，也包括金融法律等软基础设施建设，通过对基础设施的投入来降低成本；另一方面，通过对创新者的补贴性补偿来降低创新创业的风险，以此来鼓励新技术、新供给的产生。此外，新结构经济学将结构变化这一逻辑延伸到经济发展的其他方面，支持金融法律的结构也应当与经济的发展相匹配，以更好的支持产业结构的升级并促进经济增长。

四是自生能力。产业结构同构化是指在各地区产业结构变动过程中不断出现和增强的区域间结构的高度相似趋势①。这种趋势表现为各个地区的发展忽视自身的资源禀赋和比较优势。片面追求大而全的完整产业体系，从而造成了产业发展的分散化和低水平重复建设所带来的资源浪费。

地区产业结构同构化可以分为两种类型：一种是同一经济圈内的地区产业结构同构化；另一种是不同经济圈之间的地区产业结构同构化。不同经济圈内的产业结构同构化有其一定的合理性，由于不同国家间在产业合作交流达到一定程度前，都是处于一个相对独立的经济系统，这是正常的②。“一带一路”战略的实施就要打破这种不同国家间的隔离状态，充分发挥各自的比较优势，在合作过程中避免产业结构的同构化。

二、产业转型与合作的必然趋势

“一带一路”战略横跨亚欧大陆，连接了亚洲和欧洲沿线巨大的海上和陆上的经济带。“一带一路”沿线国家和地区总人口约有44亿，经济总量约21万亿美元，分别占全球

---

① 郭斯顿：《地区产业结构同构化问题研究》，中南大学博士论文，2005年。

② 朱晓海：《中部地区战略性主导产业的选择与布局研究》，武汉理工大学2007年硕士学位论文。

的63%和29%①。沿线既有像俄罗斯、新加坡这样的发达国家，也有中国、印度等众多的发展中国家，当然也包括一些经济欠发达的国家。首先，这些国家之间资源储备、经济发展水平、贸易的结构、产业结构有着十分显著的差别，比较优势的差别十分明显。处于中亚地区和东南亚地区虽然自然资源十分丰富，但是基础设施发展水平落后，严重限制了这些国家产业的转型升级。此外，资源禀赋、产业结构之间有着很大的差别，但是不同国家间有着很强的互补性。例如，像中国这样自然资源相对缺乏的国家十分需要来自中亚地区的资源，而中国巨大的市场，先进的基础设施建设能力、高技术以及新能源这些新兴产业又是这些沿线国家迫切需要的。“一带一路”战略保持一种以实现互联互通为基础、注重提升沿线各个国家的整体合作利益的理念，在互利共赢的基础上展开广泛和深入的合作。“一带一路”的推进促进了沿线国家道路、交通、电力设施完善，推动贸易投资自由化，产业合作与升级也进一步促进了沿线国家形成“深层次、宽领域、高水平、全方位”的合作新格局，促进经济依靠资源的粗放型发展转向依靠新技术、资本、创新驱动的发展新模式。

（一）“一带一路”沿线国家产业结构现状

“一带一路”沿线国家和地区涉及地域广、国家类别多，既有发达国家、新兴经济体，又有极度落后的国家和地区，且穿越的国家和地区很多都处在不稳定的环境中。在此背景下，展开中外产业的合作与发展，必须明确彼此的产业现状，做到“知己知彼”的目的。

① 王义桅：《“一带一路”：机遇与挑战》，人民出版社2015年版。

1. 中亚五国产业变动趋势

哈萨克斯坦、乌兹别克斯坦、吉尔吉斯斯坦、塔吉克斯坦和土库曼斯坦，又称“中亚五国”，地处欧亚大陆接合部，与我国西北地区毗邻，总面积400万平方公里，人口6000多万人。中亚五国石油、天然气、有色金属、水力等自然资源丰富，被称为21世纪的战略能源和资源基地[①]。经过独立后25年的发展，中亚五国经历了从计划经济向市场经济转轨的历程，依靠能源和原材料出口度过了独立初期的社会和经济危机。特别是在近年来世界经济复苏和一体化进程加快、国际市场能源和原材料价格不断攀升的有利形势下，各国财政状况不断好转，宏观经济普遍进入持续快速增长阶段。一些具有资源优势、在前苏联时期未得到充分开发的产业，由于国家投入的加大和外国资本的介入而得到迅速成长，成为中亚国家新的经济增长点。

我们通过中亚五国的三大产业占比的变动数据来分析，中亚五国正处于产业结构转型阶段，三大产业的不断变动体现了其正在加速向后工业阶段转型（见表2－1至表2－5）。

表2－1　2007—2011年乌兹别克斯坦三大产业占GDP比重（%）

产业＼年份	2007	2008	2009	2010	2011
第一产业	5.8	5.4	6.2	4.7	5.4
第二产业	38.7	41.2	39	41.9	40.3
第三产业	55.6	55.3	54.8	53.4	54.3

资料来源：世界银行数据库。

① 《中国向西开放为中亚国家释放“合作红利”》，新华网，http://news.xinhuanet.com/world/2013－09/07/c_117268903.htm。

表 2-2　2007—2011 年吉尔吉斯斯坦三大产业占 GDP 比重（%）

产业＼年份	2007	2008	2009	2010	2011
第一产业	30.2	26.2	20.3	18.7	19.7
第二产业	18.7	22.8	25.6	28.2	27.9
第三产业	51.1	51.1	54.1	53.1	52.4

资料来源：世界银行数据库。

表 2-3　2007—2011 年土库曼斯坦三大产业占 GDP 比重（%）

产业＼年份	2007	2008	2009	2010	2011
第一产业	19.1	12.3	12.3	14.5	1
第二产业	38.1	53.7	53.5	48.4	62.9
第三产业	42.8	34	34.1	37	36.1

资料来源：世界银行数据库。

表 2-4　2007—2011 年塔吉克斯坦三大产业占 GDP 比重（%）

产业＼年份	2007	2008	2009	2010	2011
第一产业	21.9	22.5	20.6	21.8	27
第二产业	29.8	27.8	27.2	27.9	22.4
第三产业	48.3	49.7	52.2	50.3	50.6

资料来源：世界银行数据库。

表 2－5　2007—2011 年哈萨克斯坦三大产业占 GDP 比重（%）

产业＼年份	2007	2008	2009	2010	2011
第一产业	5.8	5.4	6.2	4.7	5.4
第二产业	38.7	41.2	39	41.9	40.3
第三产业	55.6	55.3	54.8	53.4	54.3

资料来源：世界银行数据库。

表 2－1 至表 2－5 显示，在中亚五国中虽然不同产业分布情况不同，但总体情况是第一产业占比较高，其经济发展中农业仍占据很大比重。除哈萨克斯坦和乌兹别克斯坦外，其他三国的第一产业占比都在两位数以上。服务业的迅速发展成为中亚五国产业转型中的另一个特点，除土库曼斯坦外，其他四国的第三产业在 2011 年都达到了 50% 以上。

2. 中国与中亚五国双边贸易现状

开放的经济条件下，一国的产业结构转型的外部因素便是国际贸易。中国与中亚五国贸易关系自 1992 年建交，由间接贸易转为直接贸易，与中亚五国直接的双边贸易额迅速增长。21 世纪初，上海合作组织的成立进一步加强了我国与中亚五国的经济联系，双方贸易额有了较快提升，贸易水平也不断提高。表 2－6 显示了 2006—2012 年间，双边进出口贸易总额、中亚五国对中国的出口总额、进口总额以及其占中亚五国出口总额、进口总额比。从图中可以看出，2006 年双边进出口总额为 1205790 万美元，2013 年增长到 5027413 万美元，增加了 4 倍。同时对中国的进出口比重从 2006 年的 15.4% 增长到 20.5%。2012 年，对华出口占其总出口的 17.92%，对华进口占其总进口的 20.52%，而且自 2011 年起中亚对中国的贸易呈现顺差，说明中国与中亚之间的贸易是相互依赖的，中亚国家也越来越依赖中国的市场来出口本国的产品。中亚五国与我国的贸易联系日趋紧密，且对我国贸易依赖性逐渐增强。

表 2-6　　中国与中亚五国双边贸易指标

年份	进出口贸易总额（万美元）	对中出口（万美元）	占中亚出口总额比（%）	对中进口（万美元）	占中亚进口总额比（%）	贸易情况（中亚）
2006	1205790	432014	7.67	773777	15.38	逆差
2007	1966192	696947	12.37	1269245	25.24	逆差
2008	3082273	822672	10.29	2259599	36.89	逆差
2009	2374441	691953	9.74	1682489	26.94	逆差
2010	3013363	1360339	14.63	1653022	24.07	逆差
2011	3965064	2106563	16.63	1858500	21.62	顺差
2012	4594828	2464385	17.92	2130443	20.52	顺差

资料来源：中华人民共和国统计局数据库。

随着中国与东盟的合作不断加强，经贸往来也不断深化，尤其是货物贸易，近年来呈现快速增长，双方的进出口水平也维持在一个稳定的增长速度上。双方的贸易额占国内生产总值的比重也不断增加。从表 2-7 我们可以看出，2012 年前中国对东盟的贸易差额是逆差，但在 2012 年后逆差变为了顺差。在 2008 年由于金融海啸的影响，双边贸易额有了较大下滑。但在金融危机后，随着各国经济的复苏，中国与东盟之间的贸易不断上升，2013 年中国从东盟进口增长 18%，中国向东盟出口增长 19.4%。这背后的原因是

2012年中国—东盟自贸区建立，中国的外贸市场由欧美市场开始转向亚洲市场，这大大带动了中国与东盟国家贸易的增长。

表2-7　2001年至2013年中国与东盟货物贸易进出口情况　单位：亿美元

年份＼项目	中国从东盟进口			中国向东盟出口			进出口总额	
	金额	比重（%）	同比（%）	金额	比重（%）	同比（%）	金额	贸易差
2001	232.1	9.5	4.7	183.7	6.9	6	415.8	-48.44
2002	321.9	10.9	34.3	235.8	7.2	28.2	557.7	-86.1
2003	473.2	11.5	51.7	309.2	7.1	31.2	782.4	-164
2004	629.6	11.2	33.1	428.9	7.2	38.7	1058.5	-200.7
2005	749.9	11.4	19.1	553.6	7.3	29.1	1303.5	-196.3
2006	895.2	11.3	19.4	713.1	7.4	28.8	1608.3	-182.1
2007	1085.00	11.3	21.1	947.1	7.8	32	2032.1	-137.9
2008	1170.00	10.3	7.9	1143.60	8	21.3	2313.6	-26.4
2009	1067.10	10.6	-8.8	1062.90	8.8	-6.9	2130	-4.2
2010	1546.70	11.1	44.8	1381.60	8.8	30	2928.3	-165.1
2011	1930.20	11.1	24.7	1700.70	9	23.1	3630.9	-229.5
2012	1958.60	10.8	14.7	2042.70	10	20.1	4001.3	84.1
2013	1995.50	10.2	18.8	2440.30	11	19.4	4435.8	444.8

资料来源：根据UNITED NATIONS数据库和中华人民共和国国家统计局数据整理。

（二）产业转型与合作的基础：产业互补

中国与“一带一路”沿线国家的产业合作是建立在产业互补的基础之上的。“一带一路”战略的构建原则强调共商、共建、共享，实现产业之间合作，这一原则与“马歇尔计划”以及以往的对外援助和“走出去”战略有着根本性的不同，它也大大超越了产业的垂直分工所推动的产业需求与供给间的互补，形成的不是简单的由产能过剩国家向经济欠发达国家和地区产业间的单向贸易。而是以互利共赢的开放理念，致力于发展产业间水平分工。中国与中亚沿线各国在基础设施领域、能源资源领域和轻工业领域等均有互补性，存在产业合作需求[①]。

1. 在基础设施建设方面

一般来说，基础设施的状况直接决定了经济活动的效率和经济效益，同时也影响每个经济体的投资环境。基础设施的改善会带来经济与社会发展的良性循环，帮助摆脱贫困，加快工业化进程，吸收、利用外国资本，融入区域产业链和供应链体系，获得宝贵的发展机遇，进而通过发展以解决矛盾和问题。目前世界各国的基础设施发展差异很大[②]。大致上，发达经济体和新兴工业化国家基础设施较为发达，发展中经济体由于缺乏资金和技术，基础设施相对落后，一些最不发达国家的基础设施最差。中国的基础设施建设在改革开放进程中突飞猛进，取得了举世瞩目的成就。目前中国在能源、通信、铁路、高铁、公路、港口、机场、口岸等各个领域的建设取得了明显成果，在高铁、机场等许多领域都已处于世界先进水平，甚至超越了发达经济体[③]。而“一带一路”战略工作的重点是推进区域内基础设施建设，实现互

① 王海燕：《在上海合作组织框架内中国新疆与中亚国家的产业合作》，《俄罗斯中亚东欧市场》，2006 年第 8 期。

② 光明网，《中国在全球基础设施领域建设中发挥巨大作用》，http：//news. southcn. com/china/content/2015 -05/13/content_124211535. htm。

③ 光明网，《中国在全球基础设施领域建设中发挥巨大作用》，http：//news. southcn. com/china/content/2015 -05/13/content_124211535. htm。

联互通。“丝绸之路经济带”沿线的中亚国家，它们的基础设施建设和产业配套水平较低，已经没有办法满足日益增长的由于产业规模扩张、人口规模扩大所带来的需求。而这种公共产品供给不足是难以飞跃的，它大大限制了这些国家的产业转型，吸引外资最终成为制约经济发展的巨大障碍。中国在基础设施建设上的这种技术、资金优势、极强的产业竞争力备受“一带一路”沿线国家和地区的重视。

专栏2-3

我国55家内地企业入选2013年度ENR全球最大250家国际承包商名录

根据美国《工程新闻记录》发布的2013年度Engineering News - Record（以下简称“ENR”）全球最大国际承包商排名。2013年我国（不包括港澳台地区）共有55家企业榜上有名。

2013年度ENR全球最大250家国际承包商中国企业排名

序号	排名		公司名称
	2013年	2012年	
1	10	10	中交集团
2	20	23	中国水利水电建设股份有限公司
3	24	22	中国建筑工程总公司
4	25	24	中国机械工业集团有限公司
5	34	39	中国中铁股份有限公司
6	43	46	中信建设有限责任公司
7	51	42	中国冶金科工集团有限公司
8	53	30	中国铁建股份有限公司
9	54	53	山东电力建设第三工程公司
10	56	62	中国葛洲坝集团股份有限公司

资料来源：美国《工程新闻记录》（Engineering News - Record）2013年8月。

我国55家内地企业入选本届榜单，共完成海外工程营业额671.75亿美元，平均营业额为12.21亿美元，入选的中国企业最低海外营业额为1.54亿美元，排名第235位。其中共有52家企业排名列在前225名，共完成海外工程营业额666.9亿美元，比2012年的627.08亿美元增加了6.35%，前52家企业平均营业额达到12.83亿美元，相比上年平均营业额的12.06亿美元增长了6.38%。我国企业整体排名有所提高，部分企业业务增长迅速。其中有26家企业排名相比上届有所提升，1家企业排名与去年持平，18家企业排名下降，10家企业首次入选或重回榜单。中国交通建设股份有限公司连续六年排名中国企业首位，2012年和2013年都名列榜单第十位；云南建工集团有限公司2013年排名第169位，名次提升最快，比2012年（208位）提高了39位；中钢设备有限公司（第185位）、中国石油天然气管道局（第98位）名次分别提升了34位和25位。

资料来源：中国对外承包工程商会网，http：//www. chinca. org/cms/jsp/index. jsp。

中国在基础设施建设中的前述优势不仅仅在与“一带一路”沿线国家的产业合作中能够帮助沿线国家进行基础设施的建设，通过这种基础设施建设，把道路、桥梁、港口作为打通经贸往来瓶颈的重要措施，推动亚欧大陆桥、新亚欧大陆桥、中巴经济走廊等主干通道的建设。这种基础设施的互联互通不仅加强了中国与沿线国家的交通规划，也实现了技术标准体系的对接，更有助于我国自身产能过剩的化解。以2012年为例，我国粗钢、电解铝、水泥、平板玻璃、船舶的产能利用率仅为72%、72%、73%、68%与75%；光伏、多晶硅等新兴行业的产能利用率只有30%—50%[①]。

① 工业化和信息部：《工业转型升级规划（2011－2015）》，《中期评估报告》，2013年2月10日。

通过与沿线国家在基础设施方面的合作，更有助于扩大我国具有自主知识产权的新型技术类商品在海外市场中的销售比率。在船舶、海洋工程方面，我国已经成为世界第一造船大国，在大型散货船、超大型矿砂船、超大型油船等领域形成了一批经济、先进的节能环保船舶，受到国际市场青睐。高技术、高附加值船舶不断取得突破，海工装备发展明显提速，深海装备的设计建造不断取得突破[①]。

2. 在自然资源领域

中国与东盟、中亚等国家在自然资源方面各有所长，形成了出口商品在结构上的互补。自然资源是形成彼此之间产业互补的主要因素，在东盟、中亚等相对不发达的国家和地区中，越南、缅甸、老挝、柬埔寨、吉尔吉斯斯坦、塔吉克斯坦等国家偏重于自然资源的出口，而中国的自然资源相对匮乏，大多数能源资源均低于世界平均水平[②]，通过进口，则能缓解资源压力；新加坡等新兴工业国家，可以跟我们交流技术，互补不足。目前，中国出口的大部分产品由于其不可替代性，受到东盟和中亚等国的欢迎。单就产业结构而言，新加坡可能更希望与中国开展服务业方面的合作，打开中国的市场；印度尼西亚等处于工业初级阶段的东盟国家，可能更希望得到来自中国的投资；柬埔寨等欠发达东盟国家，可能更需要与中国合作进行资源开发，需要中国的先进技术[③]。

3. 旅游资源方面，“一带一路”沿线国家和地区均各有

---

① 《中国制造2025应与一带一路无缝对接：做产业基础支撑》，21世纪经济报道，http://finance.sina.com.cn/review/hgds/20150521/005922228296.shtml。

② 江泽民：《对中国能源问题的思考》，《上海交通大学学报（自然科学版）》，2008年第3期。

③ 康蕾：《广东省企业参与中国——东盟自由贸易区经贸合作的战略考量》，《东南亚纵横》，2012年第1期。

优势

比如，具有丰富旅游资源的东南亚地区，虽然有的旅游资源可达性不强，但随着“一带一路”战略通道的建设，中国游客进入东南亚地区旅游的便捷程度大大提升，这为东南亚旅游产业的发展带来了历史性机遇。

总之，中国与“一带一路”沿线国家具有不同的地区资源禀赋基础，这种不同国家之间不同的比较优势和产业互补性形成了“一带一路”战略构想合作的基础。

三、“一带一路”沿线国家产业转型的合作机制

一个经济体的要素禀赋由土地、自然资源、人口与资本构成，在既定的时间维度上虽然是恒定的，但随着社会经济的发展、变化，并进而构成产业结构转型与升级的基础①。“一带一路”沿线城市与邻近的国家自然资源丰富，特别是油气资源，我们借助新结构主义系统竞争力的思想来研究沿线国家产业结构问题，从共同发展的角度认识结构转型和进行产业合作。不仅可以充分发挥沿线国家的要素禀赋所带来的比较优势，也可以稳定我国对资源需求的安全。要素禀赋的升级推动产业结构的优化更需要硬性与软性的基础设施作为支撑，并通过在“一带一路”沿线国家建立新型产业园区，采取“点轴带动”的方式，通过沿线的核心城市为节点，借助交通基础设施建设，实现交通运输干线的衔接，并将这些干线作为发展的轴线，带动沿线经济带的发展。在建立园区的产业合作项目中，促进科学技术与工业的合作，推动区域内的产业转型与合作。

---

① 马莉莉、任保平：《丝绸之路经济带发展报告 2014》，中国经济出版社 2014 年版。

（一）要素禀赋与系统竞争力

要素禀赋的优越并不能形成完整的产业结构体系，但它是产业转型形成系统竞争力的基础。所谓系统竞争力是指通过整个系统提高生产率实现整个生产系统的现代化。工业必须超越狭窄的传统部门框架，与初级产品部门和服务部门相联系，形成整个生产系统的一体化，并逐渐推动生产力水平的一致性①。“一带一路”沿线国家，特别是中亚国家，有着天然的油气资源禀赋优势。根据 BP 能源的统计数据，截至 2014 年，世界石油的探明储量为 1.7 万亿桶，“一带一路”沿线国家的石油探明储量占世界的 65% 以上。世界天然气探明储量为 187 万亿立方米，“一带一路”沿线 65 个国家占 90% 左右；世界天然气产量 3.64 万亿立方米，“一带一路”沿线国家占 60% 以上；预计未来十年内该区域内的油气储量及产量仍将持续增长，在全球油气供应中占据重要地位②。虽然，中亚地区资源丰富，但并没有自然形成一种合理的产业结构来与这些要素的结构比例相匹配以适应经济发展的要求，中亚国家更多的是对油气、煤、有色金属等原材料进行开采、初级加工，产业在层次上属于中低端。资源的保护与开放并没有与经济发展相协调，处在粗放型发展的阶段；所以要借助中国这样的外部力量，比如中国完整的配套设施，先进的开采技术和加工能力，实现一种外生型的合作资本积累机制，在较短的时间内实现技术的获取、改进生产工艺、提升生产效率。从系统竞争力的角度来看，中国与“一带一路”沿线国家产业转型与合作有利于我们充分了解

① 董涛：《新结构经济学——重构发展经济学的框架》，《时代金融》，2014 年第 9 期。

② 史昕、邢彬彬：《“一带一路”油气全产业链国际合作战略研究》，《国际经济合作》，2015 年第 8 期。

不同的要素禀赋优势之间需要合作与协调发展。发展过程强调工业化方面的产业链的整合，形成相互联系的整体，更要超越工业化的简单思维，促进区域内不同国家的产业合作与生态环境保护，注重发展质量，与提升人民福祉相联系。

"一带一路"沿线区域在能源资源、农产品这种附加值低的合作基础之上，逐步将合作转向第二产业、第三产业。随着合作的进一步深入，沿线国家获得巨大技术优势促进自身要素禀赋结构的提升，进而推动以产业链发展为基础的投资、价值延伸，并最终实现多层次、高附加值的合作。

（二）"点轴带动"重塑产业合作模式

在"一带一路"战略的践行过程中，通过在"一带一路"沿线国家建立新型产业园区，采取"点轴带动"的方式，通过沿线的核心城市为节点、交通基础设施建设，实现交通运输干线的衔接，并将这些干线作为发展的轴线，带动沿线经济带的发展。在这一过程中，新型产业园区的建设便是重中之重。截至 2015 年 5 月，中国在"一带一路"沿线国家共有 70 多个在建的经济产业合作区项目，年产值超过 200 亿美元，为当地创造 20 万个就业机会①。位于中巴经济走廊上的瓜达尔港，就是中巴产业园的一个样板，目前已实质启动。瓜达尔港中巴产业园将集聚中国所有在"一带一路"战略建设引领下赴巴基斯坦投资的企业，届时中芯国际、华为等企业都将入驻。

以点带面的产业园合作方式，在"一带一路"战略整个沿线经济带，通过建立这种星罗棋布的看似松散，其实它

---

① 潘旭涛：《分步推进"一带一路"》，人民网，http：//cpc. people. com. cn/n/2015/0608/c83083 –27118644. html? ol4f。

通过与交通干线相互连接而形成的巨大辐射力量，将全世界经济最为活跃的经济圈之一——东亚与发达的传统欧洲经济圈相互连接，将沿线的60多个国家联系起来，实现共同发展。在“点轴带动”发展思路下，“一带一路”战略的未来发展轴线已进一步细化为包括中俄蒙、新欧亚大陆桥、中伊土、中巴在内的九大经济走廊，沿各经济走廊将建设超过20个重点产业园。而海上丝绸之路的战略支点，除已公布的瓜达尔港、关丹港外，还包括西哈努克港、雅加达港等近十处①。

对于沿线处于经济水平低的国家，按照本国的要素禀赋选择适于本国条件的技术进行引进，这样，可以以一个较低的成本来获得技术的提升。随着要素禀赋结构的提升，技术的需求也在提升，此时本国可以利用已经积累起来的资本进行技术研发。产业园的形式可以极大的加强与“一带一路”沿线国家的技术与工业的合作，中国可以利用较强的技术优势，与各国进行联合开发，这样不仅加深彼此的合作深度，也加快了技术变迁的速度。这样以投资为先导，价值技术的合作、研发，可以极大的加强各个国家间的产业合作。

（三）“一带一路”战略硬实力和软实力提升中不足的应对

目前中国正处于深化改革阶段，由于制度的约束，“硬实力”和“软实力”的优势难以释放，它们已经成为限制我国同“一带一路”沿线国家进行产业合作的严重瓶颈。同时部分国家与我国缺乏政治互信，对共建“一带一路”战略存有疑虑和抵触心理。一方面，部分国家在搭乘我国经

① 《“一带一路”打造国际产业合作新模式》，《上海证券报》，2015年5月22日。

济发展快车和便车的同时，对我国实施和平发展战略心存疑虑。为应对这些不足，我们需要着力提升我国的政治透明度，推进法制等一系列硬性实力和软性实力的建设。“一带一路”战略的硬实力与软实力分别代表了硬性的基础设施建设，和制度、法律、金融等软性设施。作为经济运行的动脉，公路、铁路、桥梁等一系列交通基础设施成为实现“一带一路”沿线国家实现人员、货物、资本自由流动的基础，更是实现经济融合的必备条件。中国高铁成为加快提升中国硬实力的一个重要突破口。自2004年起，中国的高铁坚持引进、吸收、再创新的发展思路逐步提升整体实力，通过不懈的努力，使中国的高铁技术已经走在了世界前列。在实践过程中，可以满足沿线国家绝大多数对升级改造国内铁路系统的需求。虽然中国的铁路技术十分成熟，中国与沿线国家的铁路公路网等重要的交通网仍在逐步完善过程中。单就我国本身来讲，对西部、中部的交通基础设施投资规模仍有所不足，这极大地限制了我国同沿线国家商品贸易的自由流动。

在软性实力上来讲，文化、价值观念、制度建设是国家实力的另一面。在“一带一路”战略的推进过程中，我们要注重“软实力”和“硬实力”并驾齐驱的位置。“软实力”的提升有助于国际社会更加认可我国的对外政策，并树立起道德威信，这样在我国推进“一带一路”战略时可以有效地降低外部成本、减少因社会制度的不同所带来的各种阻力。对此，我们应在国内进行政治制度改革，完善社会主义市场机制，并逐步完善法律法规、金融体系、社会网络的建设。对外，我们一方面要通过文化名片，针对中亚地区国家进行中国形象的推介，树立中国良好的国际形象；另一方面，加快建设与“一带一路”战略相配套的金融、法律等软性条件，助力“一带一路”战略的推进。

四、产业转型合作与展望

推进“一带一路”战略的实施，可以在实现基础设施“互联互通”的基础之上，进一步实现与“一带一路”沿线国家和地区的经济合作，建立完善的大型规范市场，从而进一步与沿线国家之间形成密切的经济合作、政治合作关系，进而为实现与整个“一带一路”沿线国家人员、资本、技术、资源的整个互联互通，使中国与沿线国家共享发展成果创造有利的条件。如前文所述，“一带一路”沿线国家的资源配置具有很强的互补性，既具有产业合作的初步基础，也具备建立共同市场基本的必要条件。因此，通过“一带一路”战略的建设使沿线国家内部实现生产要素的自由流动以及优化配置，同时通过产业合作的不断发展，形成完整的产业链，建立起完整的统一大市场，像“一带一路”沿线国家之间建立起来的这种市场，包含了不同民族、宗教、文化、经济制度。因而这种市场也具有极强的包容性，可以不断向周边的国家和地区进行辐射，使得市场规模不断扩大。

开展“一带一路”战略的建设，符合当代经济全球化、经济一体化的世界潮流，同时也契合了沿线发展中国家内在寻求发展、经济增长、提高人民生活水平的需求，有利于降低沿线国家之间经济合作的交通成本、交易成本，优化产业结构，使得资源配置更加富有效率。进而发展出一套不同于发达国家以近乎“剥夺”的方式获得分工收益的新型产业分工体系，从而融入全球经济发展体系之中。这种产业合作无论对于中国，还是对于沿线国家来说都是符合其内在发展需求，并会带来巨大的经济效益。就中国而言，“一带一路”战略贯彻了我国的对外经济战略和区域合作，也为加强我国周边的经济、政治安全提供了有力保障，有利于建立起符合中国利益的区域经济合作格局，也有利于促进我国化解产能过剩、应对经济下行压力，并推进我国的产业更新换代和结构升级。对于“一带一路”沿线国家来说，有利于改变其自身过度依赖初级资源密集型产品和劳动密集型产品出口的贸易格局，通过引进新型技术和较先进的管理思想来促进产业结构的升级。同时通过与中国在基础设施方面的合作，加速其国内的基础设施建设，实现区域内的“互联互通”，从而进一步融入世界经济全球化的浪潮中。通过在全球范围进行资源配置进一步实现区域贸易的扩大、投资的增长，从而提高本国的经济发展和人民生活水平。

（一）“一带一路”沿线国家贸易增加

由于“一带一路”沿线国家的要素禀赋不同，中亚国家富有石油、天然气等矿产资源，中国拥有资金技术的优势。这种资源禀赋的差异，造成了不同的比较优势。“一带一路”沿线国家的相互合作可以充分发挥各自的比较优势，互通有无，可以促进沿线国家的经济发展水平并提高其福利水平。目前中国同哈萨克斯坦等中亚国家的能源合作已经展开，由中国提供融资和技术支持的中亚天然气运输管道与中国“西气东输”工程的运输管道实现贯通，这种互惠互利的合作不仅为西亚丰富的天然气资源找到了有稳定需求的市场，也从另一方面有效地缓解了中国快速经济发展和城镇化进程中造成的资源能源短缺。此外，由于中亚地区处于亚欧大陆腹地这一特殊位置，“一带一路”战略的实施和推进，必然会增强亚洲和欧洲之间的贸易联系，而处于这中间的中亚地区的过境贸易也会大大增加。这种过境贸易的增加也会大大增加中国与中亚地区之间的联系。显然，在“一带一路”战略实施后，中国西部与中亚地区实现互联互通，将会使我国对外开放的格局在西部的探索中找到新的突破口，形成我国对外开放的西部通道，这对我国西部大开发战略的进一步深化，同时对统筹中西部协调发展，维护我国新疆地区的地区稳定都有着重大意义。

（二）沿线国家投资上升

“一带一路”战略实施后，地区之间实现互联互通、贸易量的不断攀升、交易成本和管理成本的降低，会吸引更多的外国企业来到本国进行投资。外国直接投资（FDI）将会大大增加，这一变化也会使得“一带一路”沿线国家的区域经济合作上升到一个新的台阶。由于中亚地区过去长期处在前苏联计划经济体制下，经济体制长期单一僵化，前苏联解体后，中亚各国的经济持续衰退，经济发展水平受到严重的制约；东南亚地区则在独立前长期被资本主义国家殖民统治，一直以来都是作为发达国家的原料供应地，产业结构严重不合理，这也成为制约东南亚地区发展的一个重要因素。在可预见的未来，这些国家和地区向国外进行投资的能力都比较弱。相比较而言，中国经过三十多年的改革开放实践，虽然经济发展水平与发达国家仍有较大的差距，但相对于周边发展中国家已经有了较大的资本、技术、管理经验的积累。尤其在对外投资方面，中国的一些大型企业已经在寻求境外大规模投资的实践机会，以开拓更大的市场。“一带一路”战略的实施，为中国的资本投资于沿线国家提供了良好的合作机制。中国的对外投资不仅能从沿线发展中国家中获得直接投资收益，而且对于中国经济发展稳定、中国企的业“走出去”战略也有着重要意义。

（三）旅游合作的发展

"一带一路"沿线国家旅游资源非常丰富，例如东南亚等国，地处热带地区，有着丰富的热带景观和动植物资源，像泰国、马来西亚、马尔代夫等国家是海外旅游的热门目的地，但是基础设施相对不足，开发水平相对较低。"一带一路"战略实施后，通过高速铁路的建设，使得这一地区的交通运力大大增加，外国人员进入本国不仅可以选择飞机，还可以选择高速铁路，这样会使人们的出行成本大大降低，也会促进本地区旅游资源的充分利用。而对于中国来讲，随着民众日渐富裕，外出旅游的需求也是逐年上升。据2002年世界旅游组织的数据显示，2001年中国国际旅游收入达到178亿美元，1992年到2002年间，中国选择出境游的人数不断上升，从不足300万人次增长到2000万人次，出境游的人数翻了两番[①]。旅游的发展不仅仅意味着"一带一路"沿线国家收入的增加，也意味着这些国家的投资和贸易机会的增加，而投资、贸易增加又会获得更多的游客。"一带一路"战略对沿线国家合作的外部积极效应巨大。

由于"一带一路"沿线国家的国情千差万别，外部环境也复杂多变，因此，"一带一路"战略的建设应该采取循序渐进的策略。从消除关税、非关税壁垒开始，逐步削减贸易壁垒，并为扩大投资领域的合作扫清障碍，通过实施贸易便利化和投资自由化的措施，使得沿线国家的经济合作有序推进。中国在参与"一带一路"沿线国家的产业转型合作中，应整合可以利用的资源，提升中国企业的核心竞争力。

① 中国社会科学院旅游研究中心总报告编写组：《中国旅游发展形势的分析与预测总报告》，http：//www.china.com.cn/chinese/zhuanti/234723.htm。

中国的经济发展处于工业化的中期阶段，具有工业化的现实结构与全面经验，产业发展基础和高端并举，适用性和先进性并行的特点，企业的自主创新能力也在许多领域发挥整合系统的作用[①]。中国在基础设施建设领域，高铁是我们的优势产业，我们利用这样的优势企业带动钢铁、光伏、船舶等企业一并走出去，不仅可以化解产能过剩，也大大促进了行业升级和标准升级。对于沿线的发展中国家来说，其丰富的自然资源不仅可以获得保护性的开发，还扩大了本国资源的外销市场，对本国经济发展和提高人民生活水平都有着重要意义。沿线国家也将在“一带一路”战略实施过程中对形成的产业合作模式、区域经济合作所带来的经济发展有着切实的体验，并能享受这一战略所带来的实实在在的成果，使其对这一发展模式产生高度的认同。

① 冯并：《“一带一路”全球发展的中国逻辑》，中国出版集团、中国民主法制出版社 2015 年。

第三章

“一带一路”战略的文化基因

“一带一路”战略所固有的文化基因具有深厚的历史底蕴。两千多年前亚欧大陆上开辟的丝绸之路既是经贸之路又是文化之路，成为东西方文化交流的开端。“一带一路”战略是新时代背景下丝绸之路精神的传承和弘扬。“一带一路”战略为促进中华文明的伟大复兴，传承和弘扬中华民族传统优秀文化创造了条件，是构建和展示中国文化软实力，提高并获得国际话语权的良好契机。

第一节
“一带一路”战略的文化渊源

一、丝绸之路的文化交流

“一带一路”战略的文化渊源可以追溯到古代丝绸之路。通过先辈们相继探索出的多条陆地和海上丝绸之路。丝绸之路作为世界上最早沟通中国与外界的大通道，以丝绸、陶瓷、“四大发明”为主的中华优秀文化成果通过这条通道进入中亚、西方，是促进沿线各国繁荣发展的重要纽带。

汉代丝绸之路上的文化交流主要在中原与西域各国之间发生，由西汉时期张骞出使西域开始，中原文化不断向西传播，与此同时，西域少数民族文化也传入中原。南北朝时期，陆上丝绸之路的路线在原有基础上向北、向南扩展，海上丝绸之路也逐渐向南海、东海延伸，与波斯、南亚、东罗马、东南亚、朝鲜、日本等地区和国家都建立了密切的贸易往来关系。陆、海丝绸之路的空间扩展，扩大了文化交流的空间范围，使文化交流内容更加宽泛。这一时期，通过丝绸之路，中国的养蚕缫丝技术传入西方，国外一些先进技术、文化习惯、生活方式等也逐渐传入中国。

隋唐时期，与西方交往的范围继续扩大，丝绸之路进一步拓展，中外文化交流达到鼎盛。西域文化在中原地区广为流行，不少人开始穿胡服，马球、赛马、射箭等体育活动更为人们所喜爱，由此有了成语“胡服骑射”。此外，西域的风俗、饮食习惯、乐舞与绘画艺术，对盛唐文化的形成与发展起着潜移默化的作用。在唐朝著名的十部乐中，西域乐就占到五部。长安聚集了世界各地的商人、学者、传教士、政府使者等，他们带来各地文化，长安一时成了中国乃至全世界最繁荣的大都市。唐朝中期，受“安史之乱”等影响，陆上丝绸之路由盛转衰，海上丝绸之路得以发展，尤其对宗教文化交流产生了重要影响。佛教、伊斯兰教、景教、印度教、摩尼教等在这一时期从海路传入中国，而中国的道教也传入朝鲜、日本和东南亚等国家和地区。

宋元以后，瓷器逐渐成为中国对外输出的主要商品。瓷器不仅仅是中国的商品，其在中西方文化交流中日益发挥出重要作用。能够反映元朝时中外文化交流的一个典型是意大利人马可·波罗的《马可·波罗游记》，书中详细描绘了中国历史文化，在西方广为流传所引起的轰动。马可·波罗已经超越了他作为一名丝绸之路商人的角色，成为中西文化交流的一个使者而被世人所铭记。随着丝绸之路的发展，作为中国古代文明重要标志的四大发明，指南针、造纸术、火药、活字印刷术就是通过丝绸之路陆续传到中亚、欧洲，直至传向世界，对促进亚欧思想文化的交流和传播及推动西方现代文明发挥了重要的基础性作用。

明清时期，海上丝绸之路逐渐发展到了鼎盛时期。明朝郑和七度下西洋，足迹遍及亚、非洲三十多个国家和地区，满载着深受各国喜爱的绫罗绸缎、瓷器、药材等物品，航行于南海直至印度洋。中国传统的儒家文化思想也通过丝绸之路得以传播，并给当时的东南亚等周边国家的文化带来一定影响，形成了儒教文化圈。清朝时期的茶马古道与西南丝绸之路相接，茶马古道为中原、西南、印缅文化的相互交流、融合创造了条件，使得楚文化、巴蜀文化、青铜文化、佛教文化得到交流和融合。科技、文化、宗教、艺术等非物质文化交流已经成为丝绸之路的重要内容。西方的宗教、音乐、绘画、建筑艺术等大量的西方物质、文化技术及产品通过丝绸之路传入中国，对我国的文化发展带来了巨大影响。以宗教为例，通过丝绸之路传入中国的有佛教、景教、摩尼教等多种宗教。宗教，特别是佛教的流入，对中国文化影响深远，至今遍布中国各地的寺庙就是最好的佐证。除了宗教之外，丝绸之路给中国带来了一些新的物种，包括玉米、花生、向日葵、土豆、西红柿、胡椒等现已常见的农作物，以及索马里的芦荟、北非的迷迭香、阿拉伯的乳香、安息香等香料和药物。这些农作物和农产品的传入，不同程度影响了我国的饮食生活文化。

二、丝绸之路文化的主要特点

丝绸之路文化是经贸交流与文化交流互相促进的一种商路文化。丝绸之路是一部经贸交流的历史，也是一部文化交融的历史。历史资料表明，开辟丝绸之路的最初目的是为了实现经贸交流、互通有无，文化交流只是其"副产品"，但随着丝绸之路的不断延伸和发展，文化交流在其中扮演了越来越重要的角色。一方面商品本身具有天然的文化属性，不同区域的特色商品自身就凝结了所在地区人民的生产生活方式、饮食习惯等地域文化。丝绸之路得以成名的丝绸，是中华文化在西方最早的象征。精美的中国瓷器被称作"china"，如今已经成为中国在西方的代名词。传入中国的番茄、胡豆等农作物，其名字就有异域文化的符号，背后是不同的饮食文化。另一方面，经贸与文化两者之间无法分割。

丝绸之路经贸发展的客观要求是不同国家区域之间的人员交往，促成了不同文化背景人员的交流。与此同时，文化的交流促进了不同区域人员的交往，反过来进一步促进了经贸的发展，甚至为政治互信提供了帮助。

丝绸之路文化是中外多元文化的交流与融合。丝绸之路上的国家具有不同种族、不同信仰、不同的文化背景，相互之间互通有无、互相学习，多元文化的交汇、包容共存，共同促进了文化的进步。文化的交流促进了国家与国家、民族与民族之间的交流，文化交流所能达到的深远程度常常让我们得到意想不到的收获。在历史上有许多很好的例子，隋唐时代，中国与波斯一直保持经贸文化交流，双方经常互派使者保持着非常友好的关系。波斯的金银器、景教、摩尼教等宗教，从波斯不断传入中国，丰富了中国的传统文化。而波斯与中国的两种文化在唐朝交融产生的成果，比如唐人制作的波斯纹样、仿金银器制品，又从长安传到新罗、日本。唐宋期间，中印之间僧侣的往来、经本的流通等佛教文化的交往始终未断，他们肩负着文化交流的使命，奔波在陆上丝绸之路上。古今传颂的唐朝玄奘法师到天竺取经就是印度佛教传入中国的情况。他所著的《大唐西域记》记述了玄奘所亲历数十个城邦、地区、国家的概况，包括地理气候、风土人情、语言宗教以及大量的历史传说、神话故事等，在中国广为流传，加深了中国对国外文化的了解。

丝绸之路文化是中国文化主导国际话语权的具体体现。丝绸之路将中国与亚洲、欧洲、非洲众多国家和地区的贸易和人文连接起来，由此中华文化开始与希腊、罗马、埃及、波斯、印度、巴比伦等古代世界最璀璨的文化产生了交集。纵观丝绸之路的文化交流历史，在中西方文化交流互动中，反映了中国文化极大的影响力，中国文化主导国际话语权。

比如唐代的长安，大批中国人到海外经商的同时，约十万余外国商人进入长安居住，文化艺术的跨国交流极为常见。明朝的郑和七次下西洋，为海上丝绸之路沿途各国带去了富有中国特色文化的物品。中国文化主导丝绸之路的国际话语权，是历史的必然选择。一方面，作为四大文明古国之一的中国文化有着悠久灿烂的历史，且惟一未中断的文化，由此产生了强大的生命力和感染力，这是中国文化获得丝绸之路国际话语权的主要原因。另一方面，较强的综合国力为中国文化国际话语权提供了必要的物质基础。郑和七下西洋的壮举背后是强大的国家政治、经济、军事实力的综合体现。还有中华民族作为多民族国家，中国文化本身就具有兼容并蓄的特点，在尊重文化的多样性和差异性的同时，中国文化既保持自己的独立性，又汲取其他国家和民族的文化营养，积淀形成日益丰厚的本国文化。

第二节 "一带一路"战略的文化话语权解读

一、"一带一路"战略中国文化话语权的必要性

"一带一路"中国文化话语权是"一带一路"战略的重要保障。习近平总书记曾经在韩国首尔大学演讲中指出，"加强人文交流，不断增进人民感情。以利相交，利尽则散；以势相交，势去则倾；惟以心相交，方成其久远。国家

关系发展，说到底要靠人民心通意合”①。中国是“一带一路”战略的倡导者和规则制定的主导者，在战略的组织协调、推进实施等方面有着义不容辞的责任和义务。文化是人文交流最重要的载体。“一带一路”战略的组织实施需要统筹相关国家、地区和组织机构，在这个过程当中，需要的不仅仅是有关规则制度等硬性约束，还需要通过深层次的文化交流来增进了解、增强互信，以更好地达成“一带一路”战略命运共同体的共识，为推动政治、经贸等其他领域的交流与合作保驾护航。文化要在“一带一路”战略中发挥先行作用，要在继承古代丝绸之路文化遗产的基础上，为“一带一路”战略中的政治、经济合作创造良好的人文环境。为发挥文化的这一作用，中国在组织推进“一带一路”战略过程中，应不断增强中国文化话语权，增强“一带一路”战略的中国声音。

“一带一路”中国文化话语权是中国国际话语权的重要内容。国际话语权是指以国家利益为核心、就国家事务和相关国际事务发表意见的权利。它体现了知情权、表达权和参与权的综合运用。国际话语权是国际竞争的重要组成部分，国际话语权的大小直接决定着一国在国际舞台上发挥作用的大小。国际话语权由很多因素决定，这其中经济因素的作用是最大的，但是其他诸如文化等因素也是不可忽视的。世界上许多大国如美、英、法等国家就充分利用文化传播速度快、影响力大而成本小的优势大力开展和加强本国的文化话语权建设。当今世界，西方发达国家凭借强势的经济、政治、军事、传媒实力，打着自由、民主、平等的普世价值旗

① 《共创中韩合作未来同襄亚洲振兴繁荣》，新华网，http://news.xinhuanet.com/world/2014-07/04/c_1111468087.htm。

号，以信息网络、影视作品为载体，加大输出西方的价值观念、政治主张、生活方式，不断冲击和压缩其他国家和地区的文化生存空间，形成了西方文化话语霸权。近年来，随着新兴国家的不断发展，主张在国际事务中享有相应的话语权。中国作为新兴大国代表，经济总量跃居世界第二，综合国力迅速增强，国际地位快速提高，国际影响力日益扩大，应该以自己的方式增强在西方文化价值体系的国际话语霸权中的话语权。在《推动共建丝绸之路经济带和21世纪海上丝绸之路的愿景与行动》中，中国明确提出"和平合作、开放包容、互学互鉴、互利共赢"的理念。中国全方位推进务实合作，打造政治互信、经济融合、文化包容的利益共同体、命运共同体和责任共同体，扩大中国文化的影响力，提升中国文化的国际话语权。

"一带一路"中国文化话语权是加强和展现中国文化软实力的重要途径。文化软实力是一个国家的文化价值观、意识形态、社会制度、文化模式、对外交往所表现出来的凝聚力、吸引力、影响力和竞争力。国际政治、经济及军事实力的硬性较量正在逐步让位于文化与文明的软性实力较量。"一带一路"中国文化话语权是国家文化软实力的直接表现，通过提升文化软实力可以提升自身的国际影响力，充分享有国际上多元文化之间相互交流的成果，并通过文化交流提高国家在世界范围内的影响力。一方面，"一带一路"中国文化话语权要求加强中国文化自身的软实力建设，即围绕思想、观念、原则等价值观念，以文化产品，文化交流活动、文化教育和信息传播媒介为载体，加强民族团结精神、核心价值观的认同、民族文化的继承与创新等，传承和弘扬中华民族传统优秀文化，促进中华文明早日实现伟大复兴。另一方面，"一带一路"中国文化话语权是展现中国文化软实力的重要途径。通过“一带一路”中国文化话语权，包括中华民族的创造力、传统优秀思想的影响力、观念文化的亲和力以及文化产品传播力和辐射力等内容的中国文化软实力得以展现，增强中国文化对其他国家人民的吸引力，从而促进不同文化间的交流和联系，实现中国文化的影响力、凝聚力和感召力的全面提升，在国际舞台上提升中国的国际文化话语权。

二、“一带一路”中国文化话语权的解读

“一带一路”中国文化话语权的第一个问题是“听谁说”，即话语主导权。中国倡导实施“一带一路”战略，其中一个目的就是构建与西方推行的国际话语霸权不同的开放包容、互学互鉴的“一带一路”中国文化话语权。“一带一路”中国文化话语权不是以谋求中国文化话语霸权为目的，而是建立在开放包容、互学互鉴基础上的中国文化话语权，这是由中国文化的特质所决定的。文化与一个国家的民族特性密切相关，是一个民族在长期历史发展中形成的、表现在共同文化上的心理状态，是一个民族的社会经济、生产生活方式与自然地理环境的特点在精神面貌上的反映。我们知道，自古以来中国就是一个多民族国家，构成中华民族的汉族、蒙古族、满族等几十个民族对中国文化产生了复杂而深刻的影响。中国文化的形成过程是一个多元文化融合的过程。从生产方式看，历史上的中国文化可以分为中原农耕文化和北方游牧文化两种。随着农耕经济的周边扩展，各地区域、各民族的文化交流不断，渐趋融合。中国传统文化不仅包容百家学说和不同地区的文化精华，而且还长期汲取少数民族的优秀文化，造就了中国传统文化兼收并蓄、海纳百川

的包容性。从文化源头看，中国文化的来源是多元并发、多元共存。曾经出现的百家争鸣，后来逐渐形成的儒家、道教、佛教等其他各种文化多元共存，这些文化相互独立又彼此影响，共生共荣，发展至今。从价值取向看，中国文化崇尚集体主义文化而非个人主义文化，义重于利而非利重于义。中国文化的义利观一直是非常明确的。《礼记·大学》中有“国不以利为利，以义为利也”。习近平总书记 2014 年在首尔大学演讲时也说到，“我们要注重利更要注重义。中国主张‘君子义以为质’，强调‘不义而富且贵，于我如浮云’”[①]。这些中国文化的特质，决定了在“一带一路”战略实践中，中国文化的传播和发展必然走出一条与西方文化截然不同的发展路径，中国的国际话语权必然是建立在多元共存、共生共荣基础之上的话语主导权。

“一带一路”中国文化话语权的第二个问题是“说什么”，即话语主题。毫无疑问，“一带一路”中国文化话语权要表达的核心是中国特色社会主义文化。文化软实力与文化话语权密切相关，中国特色社会主义文化建设的情况直接关系到中国文化话语权的强弱。“一带一路”中国文化话语权的核心就是中国特色社会主义文化，它是“一带一路”中国文化话语权的基础，没有这个基础的“一带一路”中国文化话语权就是空中楼阁。中国特色社会主义文化是反映先进生产力发展规律及其成果的文化，是源于人民大众实践又为人民大众服务的文化，是继承人类优秀精神成果的文化，具有科学性、时代性和民族性。其中包含了两个方面的内容：一方面就是中国的传统优秀文化。中国传统文化是中

---

① 《共创中韩合作未来同襄亚洲振兴繁荣》，新华网，http：//news. xinhuanet. com/world/2014 - 07/04/c_1111468087. htm。

华文明成果根本的创造力，是民族历史上道德传承、各种文化思想、精神观念形态的总体。中国传统文化在五千多年文明发展进程中创造了博大精深的灿烂文化，以儒家、庄子、墨子思想、道家文化等为主体，在吸收了其他多民族甚至外来文化精华的基础上而形成的多元文化融通和谐包容的体系。另一方面的内容是，中国特色社会主义文化价值理念。中国特色社会主义价值理念代表了中国先进文化的前进方向。在“一带一路”文化交流中，应该更多寻找共性文化观，使中华民族优秀文化与当代文化相适应、与现代社会相协调，与其他国家的文化相融合，以人们喜闻乐见、具有广泛参与性的方式推广开来，把跨越时空、超越国度、富有永恒魅力、具有当代价值的文化精神弘扬起来，把既继承传统优秀文化又弘扬时代精神、立足本国又面向世界的当代中国文化创新成果通过“一带一路”战略建设传播出去。

“一带一路”中国文化话语权的第三个问题是“怎么说”，即表达能力和表达方式。文化话语权的大小不完全取决于国家文化实力，文化的传播能力对外话语体系也十分重要。“一带一路”中国文化话语权，不能自言自语，而应该具有国际性。一个国家的话语之所以能成为国际的，主要体现在话语内容的质量、普适性、逻辑性和说服力，一个国家提出的、能为世界接受的话语越多，那么这个国家的话语权也就越强。“一带一路”战略作为一个国际性的发展战略，其文化话语权理应是非强制性的，通过增强文化的表达和传播能力、构建对外话语体系来实现中国文化话语权的提升。一方面，注意跨文化交流，创造共同话题。“一带一路”的跨文化交流，应根据自己国家文化与其他国家文化结合起来，提出具有全局性、普遍性的核心概念才可以为更多的国家所接受，增强话题的吸引力，成为优势话语，产生巨大影响力。另一方面，构建更加开放的对外话语体系。文化交流传播平台对外传播能力的大小在文化话语权构建中扮演着重要的角色。强大的对外文化传播平台把话语内容传输出去，以获得更大影响力。这些对外文化传播平台分为两类，一类是官方传播平台，如官方电视、广播、网络、报纸媒体，政府文化部门，孔子学院等，还有一类是民间媒体、智库、学术机构等非官方传播平台。

第三节
“一带一路”战略中国文化的构建

一、“一带一路”战略构想提出以前的中国文化总体情况

改革开放以来，中国继承和发扬丝绸之路精神，不断加大中国文化走出去的力度，采取多种方式传播和弘扬中国文化，发展文化产业，加大中外文化交流，中国文化话语权不断提升。一方面，政府高度重视文化发展，采取了一系列措施促进中国文化。2006 年、2012 年中国政府制定了《国家“十一五”时期文化发展规划纲要》及《国家“十二五”时期文化改革发展规划纲要》，2009 年发布了我国第一部文化产业专项规划——《文化产业振兴规划》，将文化产业上升为国家战略性产业；与英、法、德、意大利、俄罗斯等国开展了国家文化年等各种海内外官方文化交流活动；在亚、

非、欧、拉美等国家和地区成立了数百家孔子学院等汉语教学机构，成为中国文化走出去的一张世界名片；中国歌唱家相继在维也纳金色大厅举行音乐会；开设中央电视台和中国国际广播电台的多国语言频道向世界传达中国的声音等。另一方面，民间文化交流频繁，文化产业初具规模。外国赴华留学生和中国赴外留学生规模持续扩大，青年留学生成为中外文化交流的桥梁和使者；文化出口全面提速，文化产业规模和比重持续增加。2001 年到 2010 年，中国文化产品和服务出口规模分别增长了 2.8 倍和 8.7 倍，图书版权进出口比例从 2003 年的 9∶1 下降到 2010 年的 3∶1①。

二、“一带一路”战略实施以来的中外文化交流与实践

2013 年“一带一路”战略构想提出以来，文化发展迅速从愿景迈向了行动。文化作为“政策沟通、设施联通、贸易畅通、资金融通、民心相通”中民心相通的重要途径，积极发挥文化的桥梁作用和引领作用，通过一系列活动，加强各国、各领域、各阶层的交流交往，夯实丝绸之路沿线国家合作的民意基础，推动和促进实现沿线各国全方位的交流与合作，推进丝绸之路文化产业的合作发展，发挥“文化先行”的优势，文化建设与交流取得了引人注目的进展，进一步提升了中国文化的国际话语权。

文化产业规划。2014 年 9 月，文化部、财政部开始着手研究编制《丝绸之路文化产业战略规划》，提出将以文化先行方式建设丝绸之路文化产业带，依托丝绸之路沿线

---

① 《我国文化产品出口规模十年间增长 2.8 倍》，《光明日报》，2011 年 10 月 20 日。

丰富的文化资源，加强统筹协调和整体规划，建立和完善文化产业国际国内合作机制，办好丝绸之路重点文化项目，建设“一带一路”战略国内文化交流基地，推动与“一带一路”沿线国家的文化交流与合作，促进各国、各地区文化产业优势互补、协同发展。许多地区也将文化交流合作以及文化产业发展建设列为“一带一路”战略实施方案的重点内容①。

文化交流机制。在已有的中美、中英、中欧等高级别人文交流机制以及中俄、中日、中德等双边文化磋商机制推动下，中国与欧盟、东盟、上合组织及世界各国的文化交流步入新阶段。继续发挥沿线各国区域、次区域相关国际论坛、展会以及博鳌亚洲论坛、中国—东盟博览会、中国—亚欧博览会，以及中国—南亚博览会、中国—阿拉伯博览会、中国西部国际博览会、中国—俄罗斯博览会、前海合作论坛等平台的文化交流作用。官方和民间的交流平台为开放包容、互学互鉴的文化交流融合创造了条件。2015 年 5 月 27 日，中国印度尼西亚人文交流机制首次会议在印尼首都雅加达召开。这是中国与发展中国家建立的首个高级别人文交流机制，旨在统筹、规划、协调两国间的人文交流合作，辐射东盟国家，发挥龙头带动效应②。

丝绸之路（敦煌）国际文化博览会。从 2016 年起，丝绸之路（敦煌）国际文化博览会将每年举办一次，甘肃省敦煌市定为永久举办地。丝绸之路（敦煌）国际文化博览会是国内惟一面向丝绸之路沿线国家和地区、以文化为主题

① 《中国正在加快编制“丝绸之路文化产业战略规划”》，新华网，http：//news. xinhuanet. com/politics/2014 -09/05/c_1112374676. htm。

② 《中国印度尼西亚人文交流机制首次会议召开》，中国政府网，http：//www. gov. cn/xinwen/2015 -05/28/content_2869948. htm。

的国家级交流平台，是丝绸之路经济带建设中以文化为主题的国际交流合作平台。博览会以“推动文化交流，共谋合作发展”为宗旨，秉承政府主导、市场运作、社会参与的模式，将深化与沿线国家在多个领域、多个方面的交流与合作，发挥博览会的集聚、展示和拉动效应。首届博览会于2016年8月举行。邀请嘉宾共涉及72个国家、5个国际组织，25个省级友好城市和12个省市区。法国担任首届文博会主宾国。博览会安排了高峰会议、高层论坛、文化年展、分项活动、文艺演出等主要内容和活动，有国际、中国、甘肃和专题四个文化展以及多场次的中外文艺演出，内容丰富，形式多样。会议讨论通过《敦煌宣言》，凝聚各国各地区的共同愿望，在加强政府间文化对话、促进文化交流合作、加强文化贸易与文化产业合作、推动文化创新、拓展人文领域交流，以及尊重文化多样性、平等性、包容性等方面达成共识。其中的文化年展以“彰显丝路精神，推动融合发展”为主题，有丝绸之路文化遗产圆桌会议、数字丝绸之路论坛、文化金融合作论坛、丝绸之路国际民间艺术节等一系列互动，为丝路文化保护、传承、发展、合作探索新思路①。

专栏3－1

拥抱“一带一路”新机遇

——2015亚欧商品贸易博览会系列观察

作为中国—亚欧博览会的姊妹展，商博会在“一带一路”建设日见实效的背景下顺利举办，力求更加市场化和专业化。而借着“一带

① 丝绸之路（敦煌）国际文化博览会官方网站，http：//www.silkroaddunhuang.com。

一路”的东风和历届中国—亚欧博览会的积淀，商博会占尽天时地利人和，将全力办成一次高起点、高水平的博览盛会。

基础好：四届中国—亚欧博览会积淀深厚

2011 年起，中国—亚欧博览会成功举办了四届。2014 年，根据中央精神和自治区部署，中国—亚欧博览会改为逢双年举办，逢单年则举办专业性商品展，形成“一会一展”模式。2015 商博会即由此而来。

商博会是中国—亚欧博览会的姊妹展，有效承接中国—亚欧博览会的功能，从而维护正常的经贸关系和境内外客商资源，保持中国—亚欧博览会的连续性。这就意味着，商博会从一开始就带着浓浓的中国—亚欧博览会的味道。

“连续举办四届的中国—亚欧博览会一届比一届成功，一届比一届精彩，为商博会的举办奠定了基础。”2015 商博会组委会主任、自治区政府副秘书长于欢说，四届中国—亚欧博览会累计实现对外经贸合作 234 亿美元，集中签订内联项目 8926 亿元人民币，新疆与周边国家和地区在经济、贸易、科技、交通等多领域的合作取得重大成果，这些都是 2015 商博会顺利举办的重要基础。

众所周知，中国—亚欧博览会以国家名义举办，是我区惟一的国家级综合性博览会。举办四届以来，中国—亚欧博览会成功发挥了我国与周边国家首脑外交的重要平台、丝绸之路经济带建设的重要平台、新疆与周边国家（地区）合作的重要渠道、展示新疆形象的重要窗口等作用，为新疆的对内、对外开放作出了重要贡献。在经贸合作交流方面，中国—亚欧博览会更是取得了令人瞩目的成就，每年都是自治区招商引资的重要“功臣”。

在这样的基础上，2015 商博会可谓“站在巨人的肩膀上”，不仅承接了中国—亚欧博览会的动能定位，更是顺势共享了中国—亚欧博览会的诸多资源，为商博会成功举办打下了好基础。

“在继续坚持中国—亚欧博览会以信息化为支撑的国际化、市场化、专业化、品牌化发展要求的基础上，2015 商博会更加突出市场化和专业化的办展目标，办展模式上更加突出市场引领，展览设置上更加突出专业展，形成与中国—亚欧博览会相互呼应、相互衔接的商品贸易博览会。”2015商博会组委会常务副主任、新疆国际博览事务局局长李静援说。

时机好：“一带一路”东风正劲

2013年，国家主席习近平提出共建丝绸之路经济带和21世纪海上丝绸之路的重要倡议，得到亚欧各国各地区的积极响应。新疆更是率先响应和贯彻“一带一路”战略，2014年举办的第四届中国—亚欧博览会即以“开放合作，共建丝绸之路经济带”为主题，搭上了“一带一路”快车。

在“一带一路”上，新疆的定位已经明确。2013年开始，新疆自治区和中央层面多次提出新疆作为丝绸之路经济带核心区；2015年3月28日，经国务院授权，国家发展和改革委员会等三部委联合发布《推动共建丝绸之路经济带和21世纪海上丝绸之路愿景与行动》（简称《愿景与行动》），明确新疆作为丝绸之路经济带核心区的战略定位。

这无疑是新疆发展的重大历史机遇，新疆再次成为举世瞩目的投资热点区域。而作为《愿景与行动》发布后新疆首个政府主导的大型展会，2015商博会也乘上了这股东风。

“我们在筹办商博会的过程中明显感受到，丝绸之路经济带核心区的战略定位给商博会带来了很多机会。”李静援说，中国—亚欧博览会和商博会的定位与“一带一路”战略规划高度契合，丝绸之路经济带沿线国家也是中国—亚欧博览会和商博会重点争取和服务的地区。商博会的举办，既顺应了“一带一路”战略要求，也将继续在促进我国与亚欧各国经济、科技、人文等方面的交流中发挥重要作用，为新疆经济社会发展作出贡献，成为惠民生、调结构的重要抓手和平台。

2015年的商博会，“一带一路”的印记随处可见。开幕式暨高峰论坛围绕丝绸之路经济带核心区建设，以“打造丝绸之路商贸平台、推进亚欧产业互利合作”为主题。重要论坛活动和招商推介活动，也突出“一带一路”特点，结合新疆核心区建设展开。

“当前，‘一带一路’是全球性的热点话题，沿线国家和地区的关注度和参与热情很高。商博会致力于延续中国—亚欧博览会的重要宗旨，为沿线国家和地区搭建共商共建共享‘一带一路’的平台。”李静援说。

环境好：各方不遗余力创造条件

“一会一展”模式，对新疆来说还是新鲜事物。但商博会是幸运的，在各方共同努力下，这个新生的展会从筹备开始就拥有高起点、高水平的好环境。

2014 年 9 月，第四届中国—亚欧博览会闭幕后，2015 商博会的筹备工作就紧锣密鼓的展开。近一年来，组委会开展了一系列境内外招商招展和宣传推介工作。在招商招展中，各主办、承办、协办、支持单位及国际协办单位发挥了积极作用。

自治区十分重视并大力支持 2015 商博会，将其列为自治区今年的重大活动。自治区人民政府专门印发了 2015 商博会总体方案，明确提出“借助中国—亚欧博览会平台，充分发挥会展经济在促进新疆现代产业体系构建和商贸合作中的作用，形成与中国—亚欧博览会相互呼应，相互衔接的商品贸易博览会”“打造国内一流，国际知名的高水平专业展会”。同时，还把办好 2015 商博会作为应对经济下行压力、加大招商引资力度、强力推进产业援疆的重要举措。

作为 2015 商博会主办单位之一，商务部外贸发展事务局对大会的重要活动策划、组织实施和各专业展的境内外组展统筹及招商招展、投资贸易促进活动等给予大力支持。各省市和自治区有关厅局、各地州市也大力支持和协助商博会。

在此基础上，商博会组委会不断提高展会服务能力，制定了一系列工作制度和规章规范，为参展客商提供各种服务和保障，力求体现精细化、专业化水平。

资料来源：张雷：《拥抱“一带一路”新机遇》，《新疆日报》，2015 年 8 月 12 日。

丝绸之路国际电影节。该电影节是继北京、上海国际电影节之后，中国举办的又一个国际性电影盛会。2014 年起每年举办一届，在福州和西安轮流举办，目前已经举办两届。第一届电影节吸引了 20 余个丝路沿线国家的驻华使节、100 多个电影剧组代表和众多国内外电影界人士，从报名的近 200 部影片中精心挑选出 147 部故事片、纪录片、短片进行展映。这些影片来自 25 个国家，涵盖俄语、韩语、阿拉伯语、土耳其语等 18 个语种。电影节期间，中国与丝路相关国家签署了电影合作项目，剧本推荐交易会等活动，共有 11 个国家的 170 多家片商参与节目与版权交易，交易总金额约 30 亿元人民币。第二届电影节共有 30 个丝路沿线及周边国家的 950 部影片参展参映。第二届电影节以“展示、推介、交易、交流”为主题，活动包括项目创投会、项目推荐会、项目签约、中国电影巨幕研讨会四大版块。通过举办电影市场活动，深入整合电影企业、行业组织等多方资源，深度挖掘供需双方需求，为电影交易交流搭建良好平台。联合多国影视协会设立丝路影视版权交易市场，举办影视版权交易会、影视剧本、音乐版权推介会、项目洽谈签约、品牌整合营销等活动，通过现场交易和网络交易，推动丝路国家电影产业的健康快速发展。丝绸之路国际电影节为贯彻落实国家“一带一路”战略，促进丝路沿线各国文化交流与合作，传承丝路精神，弘扬丝路文化，搭建电影交流交易国际平台，提高中国电影的国际影响力①。

丝绸之路旅游。联合国世界旅游组织将与中国等丝路沿线国家一起，共同推动丝路旅游可持续发展。国家旅游局确定 2015 年、2016 年为“丝绸之路旅游年”，在“美丽中国

---

① 丝绸之路国际电影节官方网站：http：//www.cnsriff.com/。

——2015丝绸之路旅游年”，各地旅游部门加大丝绸之路旅游产品开发，积极开展宣传推广，提升丝绸之路旅游品牌影响力，丝绸之路旅游国际合作取得阶段性成果。2016年继续以“丝绸之路旅游年”为年度旅游宣传主题，中文宣传口号为“漫漫丝绸路，悠悠中国行”；“游丝绸之路，品美丽中国”；“神奇丝绸路，美丽中国梦”。进一步聚焦发展丝绸之路特色旅游，与“一带一路”沿线国家和地区文化旅游重点城市、文化产业机构和国际旅行社，共同开发探索“一带一路”沿途各国的著名景区景点、精品旅游线路、特色旅游文化建设①。

艺术创作。“一带一路”沿线地区以丝路为主题的艺术创作呈蓬勃之势。“中阿丝绸之路文化之旅”是中国针对阿拉伯国家联盟成员国推出的大型系列文化交流活动。作为旗下项目，舞剧《月上贺兰》赴苏丹、埃及等国演出。舞剧《丝海寻梦》则在联合国总部、联合国教科文组织总部以及欧盟总部等地演出多场，获得广泛赞誉。2015年，获得国家艺术基金支持的就有话剧《丝路天歌》、民族舞剧《南海丝路》、交响乐《海上丝路》、杂技剧《丝路彩虹》、民乐小合奏《丝路幻想组曲》、“丝路行，陇上韵”甘肃演艺集团丝绸之路巡演、“丝路上的中国梦”——麦西热甫国外演出舞剧、《丝路花雨》新加坡及中国台湾演出和丝路华彩——西南少数民族水彩艺术展、“丝路明珠”的复兴与创新美术作品展等数十个演出展览项目②。

海外中国文化中心。基础设施建设是“一带一路”战

① 《中国确定2015年为“丝绸之路旅游年”》，新华网，http://news.xinhuanet.com/2014-11/14/c_1113252871.htm。《国家旅游局：确定2016年旅游宣传主题及口号》，中国网，http://www.china.com.cn/travel/txt/2015-10/29/content_36923617.htm。

② 《2015“一带一路”文化交流关键词》，《中国文化报》，2016年1月14日。

略的重要着力点。作为中华文化走出去的独特平台，海外中国文化中心也是我国在海外投资建设的文化基础设施。多个海外中国文化中心在丝路沿线国家启用。2015年，随着布鲁塞尔、尼泊尔、新加坡、斐济、坦桑尼亚、新西兰中国文化中心正式揭牌，海外中国文化中心总数达到25个。海外中国文化中心也成为对外传播“一带一路”战略的重要窗口。“一带一路”沿线风情摄影展、“一带一路”座谈会等各项有关活动在各中心高频举办，提高了驻在国对“一带一路”战略重大倡议和中国文化的认同感。

丝绸之路文化遗产入选《世界遗产名录》。2014年6月22日，中国与吉尔吉斯斯坦、哈萨克斯坦联合提交的“丝绸之路：长安—天山廊道路网”文化遗产成功入选《世界遗产名录》。该文化遗产包括了龟兹文化、伊斯兰文化，维吾尔、哈萨克、蒙古等多个国家和民族文化。古丝路宗教、文化、艺术同样受到普遍关注。古丝绸之路沿线国家和地区，对丝路文化在今天的复兴表现出极大的期待和热情①。

其他文化有关活动。2015年，海峡两岸传统文化交流基金会发起成立“一带一路文化和教育产业基金”。该基金总规模为200亿元，在未来8年内以市场化资本参与投资“一带一路”沿线文化产品、文化旅游、非物质文化遗产、国际教育等项目②。2015年“欢乐春节”活动超过800个，覆盖海外118个国家和地区的320余个城市，其中大部分属于“一带一路”经济圈③。2015年9月至10月，“第三届丝

---

① 《丝绸之路入世界遗产名录》，《新京报》，2014年6月23日。

② 《一带一路文化和教育产业基金将落地甘肃》，新华网，http：//news.xinhuanet.com/fortune/2015-12/12/c_1117439501.htm。

③ 《2015年“欢乐春节”活动的项目已超800个，将覆盖118个国家和地区》，新浪网，http：//news.sina.com.cn/o/2015-02-11/172331509606.shtml。

绸之路商旅文化博览会”在隋唐丝绸之路起点——陕西西安举行。来自中国、韩国、俄罗斯、日本、朝鲜、意大利、印度等丝路沿线国家和地区的百余家参展客商汇聚于此，洽谈、交流项目合作，再现盛唐经贸往来的繁荣气韵。以丝路为主题的艺术创作蓬勃开展，古丝路文脉与当代艺术融合共生，在世界各地的舞台上绽放①。2015年11月13日，第二届“中国—中东欧国家文化合作论坛”在保加利亚首都索菲亚举行，来自中国和中东欧16国的近百名代表出席论坛。在这些重大文化活动框架下进行的文化交流、学术合作，传承和弘扬了丝绸之路友好合作精神，在保障“一带一路”战略顺利推进的同时，也赋予“一带一路”战略深厚的社会内涵②。

三、“一带一路”中国文化话语权构建中存在的问题

“一带一路”战略实施以来，通过多个渠道、多项举措，中国与“一带一路”沿线各国的文化交流迅速增加，文化产业愈发繁荣，“一带一路”沿线上有了更多的中国声音，中国文化域外传播在世界上的接受度和认可度大大提升。但还要清醒地认识到，中国文化在国际上的影响力、竞争力乃至贡献力，与当前中国国际地位仍不相适应，与中国五千年文明积淀的丰厚文化资源不相适应。

仅从文化贸易来看，目前美国和欧盟共占世界文化市场的近80%，亚太地区仅占19%；在亚太地区所占份额中，

---

① 《第三届丝绸之路商旅文化博览会在大唐西市举行》，《陕西日报》，2015年10月2日。

② 《第二届中国—中东欧国家文化合作论坛在保加利亚举行》，新华网，http://news.xinhuanet.com/ttgg/2015-11/14/c_1117142926.htm。

中国仅占不到5%。近年来，中国对外文化贸易规模不断扩大、结构逐步优化，文化出口企业数量不断增加。但是文化出口整体仍然比较疲软。统计数据显示，2014年上半年，中国核心文化产品（包括视觉艺术品、视听媒介、印刷品、声像制品和中国特色文化产品）进出口总额达到98亿美元，比2013年同期下降了7.3%，核心文化产品的进出口，仅占同期货物贸易总额的0.5%。不仅如此，文化出口结构也有待优化，文化服务出口仅占到文化出口总额的1/5。对外文化贸易逆差不断扩大，以影视行业为例，贸易逆差从2009年的2亿美元扩大到2013年的6亿美元，中国电影虽然国内票房增长惊人，但国际票房的创造能力还很弱[①]。文化对外贸易逆差的背后是原创能力的缺乏，比如近年来中国热度很高的“中国好声音”、“我是歌手”、“爸爸去哪儿”等节目等都是购买自韩国、荷兰等国家的版权。在有限的对外文化贸易中，那些能体现数千年文化积淀以及真正的中华民族精神的文艺作品也十分缺乏。

因此，要进一步提高“一带一路”战略中的中国文化话语权，需要丝绸之路传承的和平合作、开放包容、互学互鉴、互利共赢精神，正视目前存在的问题，多方面加以努力。首先，应该加快构建中国特色的文化体系。“一带一路”战略的实施带动了中华优秀文化的传播，这同时也是我国对外传播的核心内容。构建中国特色的文化体系，需要深入挖掘数千年的中国历史文化宝藏，进一步推动我国优秀传统文化创造性的转化和发展，用现代方式打造我国文化产业对外文化交流品牌，提升中国文化的核心竞争力。

其次，要提升中国文化的国际化表达能力。要真正实现

① 《文化贸易：2014喜与痛》，《中国文化报》，2015年2月28日。

文化产业走向世界，融入国际文化市场，就要注重各国之间的文化差异，因地制宜，依据不同的受众群体创作出更有思想性、时代性、观赏性的文化作品，贴近国外受众群体的需求，兼顾其审美情趣和消费心理。还需要创新对外传播方式，用现代语言和表现手法完美展现中国博大精深的文化内涵。

再次，要更加重视文化产业发展，通过促进文化贸易推动中华文化走出去。加快我国丝绸之路沿线地区特别是西部地区、边疆地区、民族地区文化产业发展，把文化产业培育成为区域经济支柱性产业，充分发挥文化产业拉动经济发展、扩大就业、促进消费等方面的作用。同时，通过发展文化产业，创造更加丰富、更高质量的文化产品和文化服务，加强丝绸之路沿线各国文化交流和贸易往来，并以此为载体，将各国优秀文化及和谐发展、和平共处的理念传播出去，使不同文化背景、不同宗教信仰的各国、各地区、各民族人民增进交流理解、沟通、尊重，增强“一带一路”战略建设的文化认同。

最后，要特别注意的是，在“一带一路”战略的建设过程中，不应将中华文化强加于其他文化之上，也不应刻意彰显中华文化的优胜之处，而是要基于平等、尊重的态度，让中华文化与沿线国家的不同文化各美其美，共生共荣。要摒弃过去单向传播的传统方式，采用创新的思维，主动把中华文化与其他多元文化进行大融通，以形成良性互动的合作格局，在发展“一带一路”文化的同时实现中国文化国际话语权的提升，为促进“一带一路”战略奠定扎实的文化基础。

第四章

“一带一路”战略的风险与防范

国家发展和改革委员会、外交部、商务部联合发布《推动共建丝绸之路经济带和21世纪海上丝绸之路的愿景与行动》中明确提出，发挥新疆独特的区位优势和向西开放的重要窗口作用，深化与中亚、南亚、西亚等国家交流合作，形成丝绸之路经济带上重要的交通枢纽、商贸物流和文化科教中心，打造丝绸之路经济带核心区。这就标志着“一带一路”战略进入了全面建设的过程[①]。然而，“一带一路”战略的建设过程中仍会面临很多风险。

第一节 “一带一路”战略所面临的风险

“一带一路”战略的提出，虽然给中国与沿线国家和地区带来了大量的机遇，但同时也存在种种风险，比较典型的有如下一些方面。

一、政治风险

“一带一路”战略的提出，中国是作为倡导者。在历史机遇面前的抉择，“一带一路”战略的提出尽管更多是从经济方面的考虑。然而，如同任何国际性事物一样，“一带一路”战略也有其政治风险。在沿线中的广大发展中国家，时常面临政局不稳的风险，而像俄国、美国、印度等国家则在“一带一路”战略中带来重大的政治风险，影响战略的践行和推进，故此处主要论及后一类国家。

历史上俄国一直把中亚视为后院，对他国染指必然怀有天然戒心。现在普京政府以独联体为对外政策优先方向，中亚是重中之重。特别是俄罗斯与白俄罗斯、哈萨克斯坦将组

① 《推动共建丝绸之路经济带和21世纪海上丝绸之路的远景与行动》，《人民日报》，2015年3月29日。

建欧亚经济联盟，其统一经济空间与“丝绸之路经济带”明显存在重合竞争。因此，俄国对中国倡议的表态多限于礼数。2015 年，普京与习近平主席会见时只强调经济带建设中的运输协调与合作问题，对政策沟通并未提及。在俄国内对该倡议感兴趣的主要有莫斯科、圣彼得堡、下诺夫哥罗德等，但多是出于地方利益考虑。由于俄罗斯是欧亚经济空间的主导国，它的态度对临近的中亚国家会有一定程度的影响，而中亚地区是“丝绸之路经济带”建设必然穿行的地区，因此俄国的政策性反应是一个必须考虑的现实因素。可以预判，俄对经济合作并不反对，但一旦“溢出”地缘政治后果，它将会有反制措施①。

美国自第二次世界大战以来一直是全球霸主，无论是实施“马歇尔计划”帮助欧洲复兴，还是冷战时期与前苏联的竞争，其根本目的是为了维护自己的霸权地位。中国提出的“丝绸之路经济带”，途经中亚、西亚等地区。冷战结束以来，美国曾牵头打了四场局部战争，其中三场在中亚、西亚地区（即海湾战争、阿富汗战争和伊拉克战争），该地区一度成为美国动武的主要舞台，北约也曾经要推进到中亚地区。多年来，美国一直努力插手该地区事务，例如推行“大中亚计划”、“新丝绸之路计划”、“大中东倡议”等，意图将其纳入自己的势力范围。21 世纪以来，美国调整外交战略，重返亚太地区，实施“亚太再平衡”战略。在东南亚，“一带一路”战略与“亚太再平衡”战略构成竞争。中国提出“丝绸之路经济带”倡议后，美国最为关注且保持戒备的肯定是其在地缘政治方面的可能后果。如最近美国

① 李义虎：《对“一带一路”的国际政治考察》，《中国评论》月刊 2015 年 5 月号，总第 209 期；http：//www. crntt. com/doc/1037/2/5/2/103725282. html? coluid = 7&kindid = 0&docid = 103725282。

提出“印亚太”地区概念，被认为是对中国“一带一路”战略的“反制”[①]。

“一带一路”战略中“海上丝绸之路”沿线经过的区域包括南亚，而这必然涉及印度的政治利益。南亚就是印度人的南亚，绝不允许有任何的南亚内部挑战性力量和外部威胁性势力干扰印度对整个南亚地区的掌控。印度强烈反对南亚以外的国家插手该地区。中国在对“一带一路”沿线南亚国家的建设时，必然触及印度利益，一定会遭到印度的反制。以中国在斯里兰卡的投资为例，无疑是进入其“后院”，印度是非常担忧和不满的。印度没有清楚而明确地支持“一带一路”战略，但印度高度关切“一带一路”战略，从威胁和竞争的角度对“一带一路”战略作出了反应——必须对“一带一路”战略，尤其是“21世纪海上丝路”进行战略反制。针对中国提出的“一带一路”战略，印度提出了“季风计划”，并且干涉斯里兰卡的选举，使得“亲华”领导人不得连任[②]。此外，印度还参与斯里兰卡的铁路、港口等建设，目的就是为了削弱“一带一路”战略对南亚国家的影响。总结一点，就是印度想要成为南亚地区具有主导性作用的区域强权，拒绝任何外部国家参与。

二、经济风险

“一带一路”战略规划是党中央站在宏观层面，并且基于

---

① 李义虎：《对“一带一路”的国际政治考察》，《中国评论》月刊2015年5月号，总第209期；http://www.crntt.com/doc/1037/2/5/2/103725282.html? coluid=7&kindid=0&docid=103725282。

② 唐鹏琪：《实施“一带一路”战略的政治与经济风险——以中国在斯里兰卡的投资为例》，《南亚研究季刊》，2015年第2期。

我国国内发展所提出来的一项计划。这项计划实施成功后，不仅会使中国对外投资增加，拉动经济发展，也会使得沿线所有国家和地区获益，但是这项计划隐藏着巨大的经济风险。

（一）融资风险

对于中国提出的"一带一路"战略，国际社会表面上响应的多，但积极采取实际行动，特别是拿出自身资源投入来呼应"一带一路"战略建设的国家寥寥无几，致使"一带一路"战略建设在很大程度上处于中国独立推进的态势。据估计，"一带一路"战略建设计划需要8万亿美元，在沿线国家不出资金的情况下，融资就是一个风险。我们需要考虑到国家外汇，表4－1为截至2015年11月底，我国外汇储备情况。

表4－1　　2015年11月30日国际储备与外币流动性数据

一、官方储备资产和其他外币资产（近似市场价值）　　单位：亿美元

A. 官方储备资产	35129.78
（1）外汇储备（可兑换外币）	34382.84
（a）证券	34249.25
其中：总部设在报告国但办事处位于国外的发行人	
（b）货币和存款总额，存放于以下机构：	133.58
（i）其他国家的中央银行、国际清算银行和基金组织	10.75
（ii）总部设在报告国的银行	47.53
其中：办事处位于国外的银行	47.53
（iii）总部设在报告国以外的银行	75.30
其中：办事处位于报告国的银行	
（2）基金组织储备头寸	45.96

续表

A. 官方储备资产	35129.78
（3）特别提款权	101.79
（4）黄金（包括黄金存款和适用情况下的黄金掉期）	595.22
以盎司计算的纯金数量（百万盎司）	56.05
（5）其他储备资产（请列明）	3.96
金融衍生产品	3.96
对非银行非居民单位的贷款	
其他	
B. 其他外币资产（请列明）	2067.14
未列入官方储备资产的证券	1951.88
未列入官方储备资产的存款	
未列入官方储备资产的贷款	115.26
未列入官方储备资产的金融衍生工具	
未列入官方储备资产的黄金	
其他	

资料来源：国家外汇管理局。

从表4－1中可以看出，我国外汇货币存款只有133.58亿美元，而其他资产，都是以证券或者其他形式存在，根本无法满足“一带一路”战略建设的需求。除了“一带一路”战略建设需要资金以外，还有国内投资也需要大量资金。2015年、2016年，修建港口、铁路、大坝等需要资金几千亿美元，政府的资金远远不能满足这些国内需求，更不用说高达几万亿美元的“一带一路”战略建设所需投资。“一带一路”战略的顺利实施，离不开财政、金融、公共服务等领域的对接。其中，银行等金融机构的角色至关重要。随着银行利差收窄，利率市场化的提速以及金融脱媒，直接融资比重加大，银行信贷投向的快速增长已不现实。在这种情况下，沿线国家只喊口号、不出资金的现象会为中国海外投资带来更大的风险。

（二）投资风险

中国政府以及中国企业在实施“走出去”的战略时，更多的是去投资国外的基础设施。在“一带一路”战略实施时也是如此，如在“一带一路”战略的对外承包工程方面，2015 年前 7 个月，我国企业在“一带一路”沿线国家新承揽对外承包工程项目 1786 个，新签合同额 494.4 亿美元，这些对外工程主要涉及电力工程建设、房屋建筑、交通运输建设等领域。[①] 投资基础设施本身就隐藏着巨大的风险。“一带一路”沿线国家经济发展水平差异巨大，市场经济体制不成熟，跨境投资合作机制不健全，投资风险较高，制约着中国与“一带一路”沿线国家的经贸合作。2005 年至 2014 年上半年期间，中国在“一带一路”沿线国家投资失败的大型项目数量为 32 个，占中国投资失败的大型项目总数的 24.6%；在“一带一路”投资失败的项目金额达 560.2 亿美元，占中国投资失败的大型项目金额的 23.7%。在此期间，中国在“一带一路”沿线国家投资失败的大型项目的数量（金额）占中国投资失败的大型项目的数量（金额）的比重均经历了先大幅下降后稳步上升的态势。中国在“一带一路”失败项目数比例先由 2006 年的 62.5% 大幅降至 2008 年的 6.7%，后升至 2013 年 28.6%，而失败项

① 《前七月中国对“一带一路”沿线国家投资增长近三成》，新华网，http://news.xinhuanet.com/fortune/2015-09/07/c_1116488912.htm。

目金额的比例则先由2006年的61.4%剧降至2008年的0.8%，后又升至2013年的32.6%[①]。斯里兰卡是“一带一路”沿线国家，中国在对其投资建设时，主要投资于铁路、机场、港口等。然而2015年3月5，斯里兰卡政府表示，斯方决定暂时叫停由中国企业投资建设的科伦坡港口城项目的施工。中国港湾有限责任公司提供的资料显示，项目直接投资14亿美元，带动二级开发投资130亿美元。随后，中国在斯里兰卡首都科伦坡的一个豪华房地产项目又被叫停。而这些项目都符合斯里兰卡国家发展战略[②]。这些在斯里兰卡被叫停的项目会导致中国巨大的投资损失，如果项目不继续进行的话，中国投资企业将损失自己的全部投资额。对于中国港湾这类公司来说，投资失败将会对企业造成巨大的风险，甚至是毁灭性的打击。

（三）信用风险

对于任何一个项目，都应该认真地去评估这个项目的风险与收益，收益无法弥补成本或者收益很小，都不是一项成功的投资。在“一带一路”战略建设过程中，中国在沿线国家的投资主要聚焦于基础设施，其中之一就是铁路（包括高铁在内）。在中国，国土面积辽阔、人口密度大、经济发展之后的民众收入能够承担高铁的票价。“一带一路”沿线国家大多是发展中国家，经济不发达，人民生活水平不高，如越南、泰国以及印度等，那么在这类国家中进行高铁建设，大部分民众很难负担得起，这必然会导致收益降低，

---

① 王永中、李曦晨：《中国对一带一路沿线国家投资风险评估》，《开放导报》，2015年第4期。

② 唐鹏琪：《实施“一带一路”战略的政治与经济风险》，《南亚研究季刊》，2015年第2期。

甚至项目亏损。

此外，法律风险、信息甄别与风俗差异等方面引发的文化风险都值得重视。

第二节
“一带一路”战略下的风险防范

针对前述提及的主要风险，我们在政策的制定和与沿线国家和地区的沟通过程中，渐趋摸索出一套相应的防范措施。

一、“一带一路”战略的政治风险规避

对如何防控“一带一路”沿线国家基础设施项目建设的政治风险，国内学者见仁见智，目前主要的建议都是集中在事前风险评估、事后申请诉讼和提起国际仲裁等具体程序方面。基于对外基础设施投资政治风险的真貌往往掩盖在错综复杂的地缘政治关系中，只有从我国地缘政治战略高度探讨规避政治风险才能对症下药，找到解决问题的良方。

淡化我国海外基础设施投资的战略提法，但要对“一带一路”沿线的对外基础设施投资进行政策定位，从我国的地缘政治战略着眼，“一带一路”战略的安排应分清主次，确定重点地区、重点行业，在对外基础设施投资建设的投入中明确差异性的政策定位。在应对美国再平衡战略背景下，我国的地缘战略谋篇布局无疑应围绕亚太地区展开，其

中，要注意理清与亚太几种主要力量的关系，搞分层管理。首先是将与东北亚、东南亚国家的自贸区建立、巩固作为建立地缘安全的重心；其次是要将我国亚太地缘战略重点向中国西部方向发展，在中亚、南亚直至波斯湾等油气资源丰富的地方，投入更多的力量。当然，具体的政治风险对策方面，王永中在接受《中国产经新闻》时提出的措施，还是很有借鉴价值的[①]。

一是中国的政府、学术界、媒体和企业界应向“一带一路”沿线国家的社会各界人士宣传与解释“一带一路”战略倡议的目标和合作领域，化解其误解和疑虑，增进共识和互信。

二是加大对“一带一路”沿线国家相关语种人才的培养力度，鼓励行业协会、商会在“一带一路”沿线国家设立分支机构，加强对“一带一路”沿线国家的国别调研和情报信息搜集力度，深化国内社会各界对“一带一路”沿线国家的国情认识。

三是中国政府应积极与“一带一路”沿线国家修改和签订双边或多边投资协定，支持中国企业在海外依法维权，要求所在国的政府和法律公正、透明地保护中国企业的合法权益。

四是规范企业海外经营行为，提高企业的合规、守法意识，完善政府对外投资体系，降低中国企业面临的政治风险。

五是中国企业应完善投资策略，不要盲目追求大规模的投资项目，适当克制对能源资源等敏感行业的投资，减少投

① 《中国对外投资大幅跃升，“一带一路”沿线国家“吸金”》，《中国产经新闻报》，2015年7月20日。

资项目的受关注度和政治风险。

六是充分发挥香港在内地企业“走出去”过程中的中介服务功能和平台作用，缓解中国企业的海外投资风险。

最后，构建中国对外投资国家风险评级、预警和管理体系，为国内企业降低海外投资风险、提高海外投资成功率提供参考。

二、“一带一路”战略下的经济风险对策

“一带一路”战略中的经济风险多种多样，在信息传播高速化的背景下，稍微一点误差就可能引发巨大的风潮，甚至国家之间的对立，为此，我们在“一带一路”战略的践行中要特别加以防范，以减少风险导致的损失。

（一）融资问题的对策

在“一带一路”战略对外基础设施投融资方式上，我国应该拓展渠道和形式。融资可以采取官方援助、民间投资、金融机构融资，甚至金融市场融资等多种形式。亚洲投资开发银行的设立，将在很大程度上缓解由我国独自开发建设基础设施的资金风险，不过由于我国已经放弃“亚投行”的否决权，投票权下降至26.06%，“亚投行”也吸收了不少来自西方国家的董事，在国际社会监督下，“亚投行”为“一带一路”战略服务会面临更大挑战。“一带一路”战略建设需要8万亿美元以上，而这笔资金除了“亚投行”给予部分的融资外（据估计，大约4000亿美元），还需要依靠世界银行、国际货币基金组织、亚洲开发银行、金砖国家开发银行等国际多边金融机构贷款以及丝路基金提供部分支持。当然，这远远不能满足“一带一路”战略建设所需的

资金额，仍需要依靠民间资本。这个民间资本不只包括中国和所在国的资金，也欢迎全世界的民间社会资本进入。另外，全世界的金融机构、银行以及主权基金、私募基金等都可以进入。当然，也欢迎包括美国在内的任何国家和机构参与。

具体地说，首先可以发行丝路债券。中国香港、新加坡、伦敦、法兰克福等作为人民币离岸金融中心，应该通过其发挥融资功能。对于"一带一路"风险较高项目的境外融资，还需做好风险隔离工作。建议通过设立 SPV（Special Purpose Vehicle）等，在开曼群岛、百慕大、香港等地注册公司（或子公司）代为发行丝绸之路债券。发行主体为境外注册企业，可减少各相关国家的审批和监管，方便债券发行，提高资金使用效率，欢迎各种国际资金分享"一带一路"战略建设的收益。为吸引国际机构投资者参与，项目母公司可对 SPV 做适度担保和增信工作，设计好丝绸之路债券的期限结构和触发机制①。

香港公开发行债券，将有效增加项目透明度，引入国际信用评级、金融监管等多方面力量开展外部风险管控，同时显著降低我方金融机构开展尽职调查的难度。不仅如此，与对我国双边主权债务违约相比，有关国家会更加忌惮国际资本市场的大面积公开违约，因此多元化公开融资将显著降低有关国家的违约概率②。

当然，丝绸之路债券也可以在国内发行。由于当前我国在"一带一路"沿线国家的投资项目主要集中在如港口、公路、铁路、管道等基础设施，投资周期长，短期成本无法

---

① 高伟：《"一带一路"该怎么融资》，《第一财经日报》，2014 年 12 月 12 日。

② 张岸元等：《在港发行人民币债　助力"一带一路"融资》，《中国证券报》，2015 年 9 月 30 日。

收回，因此，这种投资风险较高。在国内通过证券公司销售这些债券时，尽量销售给机构投资者或者有特别强的风险识别能力的个人投资者，尽可能减少风险所带来的恶果。

其次，江苏、浙江、广东、上海、北京等地作为中国经济最为活跃的地区，可以发挥“一带一路”战略在国内融资先锋中的作用；地方政府在此作用尤为重要。地方政府可以为当地的企业建立一个“一带一路”项目公示平台，对于“一带一路”战略建设的项目进行分门别类，并且具体介绍，便于风险识别以及企业对外投资。

（二）“一带一路”战略投资风险及其收益问题的应对

上文所述，“一带一路”战略投资风险主要在于基础设施建设中的投资领域，而且资金大多是中国国内所出，有着违约的风险。

针对投资标物的选择方面，可以参照日本对外投资。日本对于斯里兰卡的投资主要聚集于文化、教育、民生等方面。如日本对斯里兰卡“三种语言”计划的援助，帮助培训斯里兰卡政府官员以及对学校教育等的投资[①]。中国在“一带一路”战略建设过程中，除了对沿线国家基础设施进行投资，更要从文化等其他方面进行投资、援助，这样有利于避免过度集中的经济风险。

对于“一带一路”沿线国家的基础设施进行建设时，投资资金方面可以进行公开的、国家化融资，这样必然会减少这些国家的违约风险。在进行这些基础设施投资时，必须与当地政府签订一个有效的协议，必要的情况下，可以引入

---

① 唐鹏琪：《实施“一带一路”战略的政治与经济风险》，《南亚研究季刊》，2015 年第 2 期。

第三方公证机构。如果出现政府信用违约问题，公证机构会起到一定的制衡作用，在国际上，产生恶劣影响，这种的后果对于被投资国是一种潜在的约束。尽管国家可能会想出各种策略来应对出现的各种经济风险，然而，这种风险还是有可能发生，降低投资风险的最后一步，就是引入保险机制，也就是投资方可以通过在保险公司买保险的方式来避免可能出现的太大损失。

第五章

“一带一路”战略建设的双向影响

“一带一路”战略构想一经提出，就在国内外产生了巨大影响。国内而言，“一带一路”战略的影响应该是方方面面的，但就其影响本身来说，对我国当前经济结构的提升、供给侧结构性改革领域的作用是最为重要的，故在本部分将集中讨论该战略对我国产能过剩的影响，其他方面已经分散到前面各部分中加以描述；对“一带一路”沿线国家和地区的影响，将相对全面的加以分析。

第一节
“一带一路”战略对我国产能过剩的影响

中国经济进入“新常态”，正面临着产业转型升级、结构调整等问题，迫切需要深化改革和扩大开放局面。美国的亚太再平衡战略和其极力提倡的 TPP、TTIP 企图将中国排除在外。在产业升级等过程中，我国如何化解国内的产能过剩问题，有效突破 TPP 的包围圈，成为当前必须加以解决的首要问题。在此过程中，对内要结合国内的供给侧结构性改革，对外要不断推动“一带一路”战略的建设和实施。“一带一路”战略的提出既是情势所迫也是顺势而为，一方面致力于解决产能过剩，为国内经济发展注入活力；另一方面也为谋求外汇储备投资多元化，并缓解过量外汇储备对经济的负面影响，还可以在很大程度上打破美国亚太再平衡战略的包围圈。

一、产能过剩与“一带一路”战略构想

“一带一路”战略构想的提出，事实上跟我国当前经济发展的阶段及国际形势等存在密切关系，在某种程度上而言，产能过剩等现状促成了“一带一路”战略的产生，而“一带一路”战略则又为产能过剩等提供了一个化解的重要举措。

（一）“一带一路”战略构想中的国内背景

改革开放30多年以来，我国经济坚持出口导向发展战略，经过多年高速增长后进入新常态。“一带一路”战略的提出致力于为国内经济发展注入新的活力，其产生必然与国内产业等的发展密切相关。

首先，产能过剩，环境污染严重，实体经济处于转型的关键期。2008年以来政府4万亿元的强刺激经济手段，多投资于钢铁、水泥、基础设施建设等相关领域，当前大多已趋于饱和，有产能过剩趋势。由表5－1可知，相对于世界第三的国土面积，我国的铁路、高速、公路和电网等基础设施建设已基本饱和，投资基础设施建设刺激经济发展作用有限。与此同时以高污染、高能耗为特点的粗放型增长方式难以为继，经济进入转型关键时期。

表5－1　　2014年中国电网和道路建设情况

行业	2014年保有量	世界排名
电网	全国220千伏及以上输电线路回路长度超过57.2万公里	1
高铁	全国高铁运营里程已突破1.6万公里	1
公路	全国公路总里程达446.4万公里，高速公路里程突破11.2万公里	1
铁路	全国铁路营业里程达11.2万公里	2

资料来源：中经网数据库。

其次，贸易出口遭遇疲态。出口自改革开放以来就是中国经济增长的重要动力，近年来欧美经济下滑导致贸易保护主义盛行，净出口对GDP贡献率和拉动力明显减弱（表5－2）。

表 5－2　　2004—2013 年净出口对 GDP 贡献率及增长拉动

年份	贡献率（%）	增长拉动（%）
2004	0.7	7
2005	2.5	22.2
2006	2.1	16.1
2007	2.6	18
2008	0.9	8.8
2009	－3.5	－37.4
2010	0.4	4
2011	0.4	－4.2
2012	0.4	－2.1
2013	－0.3	－4.4

资料来源：国家统计局。

表 5－2 显示，贡献率由 2005 年高位 22.2% 跌到危机后 2009 年－37.4%，之后有所回升，但多处于负值；拉动率在 2008 年危机前是正值，危机后除 2010 年外都是负值。这同时也反映了我国出口对发达国家市场存在的较高依赖性。

最后，国内企业“走出去”的强烈欲望。在国内经济产能过剩，发达国家需求不振的情况下，亚非拉等发展中国家是不错的投资目的地，在对外投资中占比有上升趋势。

如图 5－1 所示，2013 年中国对外投资主要集中于亚洲，占比高达 70%，对拉丁美洲、欧洲、北美洲、大洋洲、非洲的投资分别占 13.3%、5.5%、4.5%、3.4 %、3.2%。与 2012 年同期相比，中国对拉丁美洲和非洲投资增长分别高达 132.7% 和 33.9%，亚洲 16.7%，对北美仅增长 0.4%，对欧洲则下降 15.4%。“一带一路”沿线多为发展中国家，我国与其相比具有技术和管理优势。且与拉美国家相比，我国与“一带一路”沿线国家在地域文化上共性更多，所以在该区域投资更加理想。

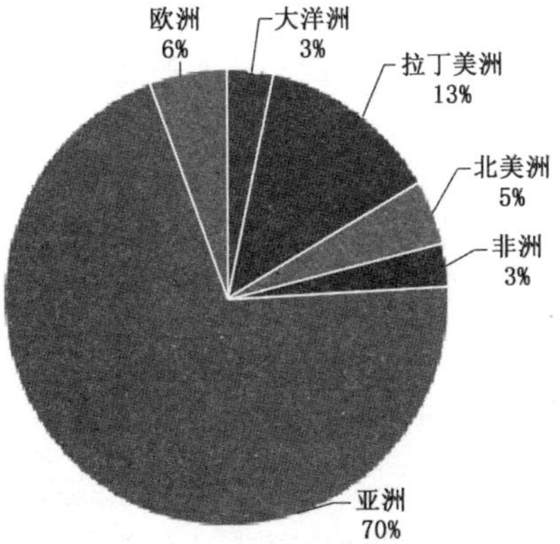

图 5-1 2013 年中国对外投资区域分布图

数据来源：《2014 年中国对外投资合作发展报告》。

（二）“一带一路”战略构想的国际背景

“一带一路”战略的提出契合了国际政治经济新形势和各国经济发展的需要，其面临的主要国际政治和经济背景如下。

就政治环境来说，新兴经济体集体崛起，发达国家经济发展势微，国际政治经济格局进入深入调整之中。2008 年金融危机后，G20 取代 G8 成为全球经济治理就是其重要表现之一。中国作为 120 多个国家的最大贸易伙伴，利益遍布各大洲，需通过扩大对外开放维护和扩展对外利益。

就经济环境来说，一方面世界经济增长乏力，另一方面全球化深入发展，中国经济木秀于林，受到排挤。具体来说，主要体现在如下几点：

1. 世界经济增长乏力、中国经济表现出众次贷危机和欧债危机后，各发达国家都实施了量化宽松的货币政策，世界经济恢复缓慢，亟需新的增长点和火车头来拉动经济增长，与此同时中国经济表现出众。中国 GDP 全球增量贡献比从 2001 年 8.9% 上升到 2013 年 38.1%，而 2013 年美国全球贡献比趋势值只有 16.2%，其他金砖国为 11.3%，欧元区接近零值，日本贡献为负值。中国资本形成的全球增量贡献比趋势值从 2001 年 17.1% 上升到 2013 年的 67.2%，2013 年美国和其他金砖国该指标为 10.8% 和 6.9%，欧元区与日本则略低于零。中国总消费全球增量贡献比趋势值，也从 2001 年 5.3% 上升到 2013 年 28.4%，超过 2013 年美国和其他金砖国该指标的 15.9% 和 14.9%。事实表明，中国经济已成为全球经济增长的最大增量贡献国①。

2. 经济全球化和区域经济一体化深入发展

在这个过程中美国极力推进其亚太再平衡战略，并试图通过 TPP（跨太平洋伙伴关系协定）和 TTIP（跨大西洋贸易伙伴谈判）制定新的贸易规则将中国排除在外。

3. “一带一路”沿线国家投资和区域合作需求旺盛

沿线多为发展中国家，资源丰富，发展潜力大，但基础设施落后严重阻碍了经济发展，且资金短缺是阻碍其基础设施改善的重要因素。据测算，在 2010—2020 年期间，亚洲发展中国家基础设施投资总需求高达 8 万亿美元，年平均投资约需 7000 多亿美元，而现有多边开发银行在亚洲基础设施领域的年度投资规模仅约为 100 亿—200 亿美元②，可见该地投资需求旺盛。与此同时该地区国家区域合作需求旺

① 卢峰：《中国经济如何延续高增速?》，《金融时报》，2015 年 1 月 5 日。

② 《亚洲基础设施投资银行上午开业》，《新民晚报》，2016 年 1 月 16 日。

盛，如东盟、OPEC以及欧盟等区域组织中都有该地区成员国。而我国与沿线国家经济互补优势明显，可合作领域广泛，如表5－2所示。“一带一路”战略可以看做是更高层次跨区域的经济合作。

“一带一路”战略建设的合作主线是经济合作与人文交流。道路联通、贸易畅通、货币流通是提升区域（次区域）合作水平的必要环节。基础设施特别是交通运输的互联互通网，全产业链深度合作的产业网，技术进步、科技交流与人才培养的知识网，是“一带一路”战略的基本内容①。具体来说，侧重的八个领域分别是基础设施互联互通、贸易、投资与产业合作、能源资源合作、金融合作、生态环保、海上合作和人文合作（表5－3）。

表5－3　　中国与“一带一路”沿线国家潜在合作领域

区域/国家	经济环境	要素禀赋	合作前景展望
中亚	发展中国家，经济低速稳定增长；重工业发达，轻工业落后，产业单一；基建落后	石油、天然气、煤矿、铁矿、铜矿均储量丰富	“中亚天然气管道”D线开工将输送能源；铁路、电方等基建合作
俄罗斯	卢布受2013年油价下跌冲击，经济也因西方国家制裁而蒙上阴影	重工业发达，轻工业薄弱；油气等自然资源丰富	“中俄原油管道”建设保障国内能源供给；基建合作
东南亚	经济增长缓慢，但在区域经济一体化中起主导地位“10＋1”机制应对周边大国	劳动力成本低廉，适合劳动密集型产业转移	劳动密集型产业转移；高端装备；与印尼和马来西亚港口合作；与老挝、泰国铁路合作

① 《“一带一路”战略中的“共同体”理念与合作主线》（主题导读），《阿拉伯世界研究》，2014年第3期。

续表

区域/国家	经济环境	要素禀赋	合作前景展望
南亚	以印度为代表的新兴经济体正在快速崛起	人力成本低廉；工业基础薄弱，第二产业占比低	制造业；基建
中东欧	多加入欧盟，经济环境良好，制造业发展不错，被称为欧洲工厂，基建比西欧落后	对外资实行国民待遇，产业与中国有竞争和互补关系	作为中国商品进入欧盟的桥梁；基建合作
中东	经济条件差距悬殊，宗教经济状况复杂	石油为支柱产业，基础设施较落后	石油采掘下游行业；制造业；基建合作

资料来源：中金公司、中银国际证券、民生证券、广发证券、东方证券：《“一带一路”的资本盛宴》，《资本市场》2015 年第 6 期。

由表 5－3 可知，中亚国家技术相对落后，采矿业和冶金业等重工业发达，轻工业体系薄弱，产业结构单一；俄罗斯和中东国家石油、天然气资源丰富；中东欧国家在通信设备及通信服务、汽车工业、生物与化工制药业、清洁能源和食品加工等行业与我国具有竞争互补关系，可作为我国产品进入欧洲市场的重要桥梁和纽带，同时可以与欧盟开展信息、生物、清洁能源、能源开发、高科技制造业技术等方面的实质性合作；南亚和东南亚国家人力资源丰富，可作为我国劳动密集型产业转移的潜在地域。综合看来，各地区都有基建改善的需求。所以“一带一路”战略规划中把产业、能源、交通和城市一体化作为初级阶段，把文化、生态、贸易、金融作为高级阶段。在初期阶段，战略目标是道路联通与贸易畅通①。

① 胡波：《构建“丝绸之路经济带”的三大原则》，《中国经济周刊》，2013 年第 37 期。

二、国外产业转移的经验

产能过剩，部分促进了“一带一路”战略构想的形成。化解产能，西方发达国家已经在20世纪50年代之后经历过。在国际产业转移中，美国、日本等发达国家在化解国内过剩产能、优化产业结构中的做法，已经积累了很丰富的经验。国际产业转移包括制造业转移、服务业转移。一般情况下，人们所说的国际产业转移指的是制造业国际转移。按照转移的产业选择，制造业国际转移大致可以分为两种模式：美国模式和日本模式。

（一）市场导向的美国模式

美国制造业海外转移遵循的是经济学家赫希曼提出的“产业关联理论”①。赫希曼把产业间的关系看做是线性关联关系，一个产业的规模、技术等因素的变化会对关联产业产生线性影响，这种影响会产生前向和后向的关联效应。其中，前向关联（forward linkage）是指下游产业技术的发展、市场的扩大所带动的为其提供原料、设备、技术等投入要素的上游产业的同步发展；后向关联（backward linkage）是指上游产业的扩张及技术创新会刺激下游产业的投资及技术进步。

纵观战后美国制造业海外转移的过程，可以发现这样两个特点：一是发达国家和地区在美国对外直接投资中所占比例不断增加，由1950年的48.4%上升至1985年的

① ［美］赫希曼：《经济发展战略》，曹征海、潘照东译，经济科学出版社1991年版。

74.3%[①]；二是美国制造业对外直接投资的部门既有劳动密集型、低成本、低技能的行业，又有资本密集型和高技术产业。这说明美国并不只是把那些在技术上成熟、已经进入标准化阶段的产业向外转移，那些依然处于发展上升期的产业同样被纳入海外转移的范围。这样的产业选择反映出美国制造业向海外转移的市场导向。

市场导向的制造业海外转移模式推动美国始终把确保企业的国际竞争力作为基本准则，从“外包”到“价值链分工”，美国制造业企业坚持把具有更大增值空间的产品研发、品牌和销售环节保留在国内，而将增值空间较小、成本高、能耗大、污染严重的加工制造环节全部转移至具有成本优势的国家和地区。这样一来，在经济“去工业化”过程中，美国仍能常年保持全球制造业大国的地位并掌控全球制造业的制高点。

（二）成本导向的日本模式

日本制造业海外转移遵循的是日本一桥大学教授小岛清所提出的“边际产业扩张论”[②]。“边际产业扩张论”认为，对外直接投资应该从母国处于比较劣势的产业（边际产业）、同时对于东道国而言具有比较优势的产业依次开始投资。

从发展实践看，日本制造业海外转移走的是梯度转移的道路。20世纪50年代日本制造业对外投资以食品、纤维等初级产品为主；到了经济高速增长时期，日本制造业海外投资转变为以重化学工业为主；进入20世纪80年代之后又进

---

① 兰丽娟：《美国对外直接投资演变及其对中国的启示》，东北财经大学硕士学位论文，2007年。

② ［日］小岛清：《对外贸易论》，南开大学出版社1987年版。

一步转向一般机械、运输机械等行业。在日本渐次向东亚新兴工业化经济体、中国以及其他东盟国家转移制造业的过程中，形成了“雁阵分工体系”。该分工体系以日本为核心、以垂直产业间梯度分工为特征，推动了东亚国家经济的渐次起飞。在雁阵分工链中，前一产业梯度国家的产业升级会带动后一产业梯度国家的相应升级，进而形成东亚地区内的产业链转移，最终推动了东亚生产网络的形成。

成本导向的制造业海外转移模式顺应了日本资源、能源匮乏的基本国情，奠定了制造业在日本经济中的地位，并催生出像丰田汽车这样的国际型制造企业。日本制造业海外转移模式所形成的“雁阵分工体系”让日本制造业在海外获取了广泛的生产基地和市场空间，弥补了国内人口老龄化、少子化所导致的内需不足等问题。

“一带一路”战略不同于此前出现的“马歇尔计划”和日本产业转移的“雁阵模式”，也不同于中国之前对部分发展中国家的援助行为。但“一带一路”战略确实吸收了以往经验，并结合了我国的国情，将对中国经济产生深远的影响。

三、“一带一路”战略与我国制造业海外转移的策略

纵观海外转移的美国模式和日本模式，我们可以发现选择适宜的制造业海外转移模式有助于推动产业结构的优化升级。如同制造业的发展各有特点一样，制造业海外转移模式必须要建立在一国资源禀赋和市场条件的基础上。美国充分发挥了企业国际竞争力强的优势，在全球扩张市场的同时，占据着制造业国际竞争的先导地位；日本则是考虑到自身的要素条件和市场容量，通过建立地区内分工的形式掌握了引

领制造业发展的主导权。基于此，我国的制造业海外转移模式的选择要充分结合我国制造业的发展实际以及制造企业的国际竞争力，利用好我国制造业的行业优势、技术优势以及国家的资金优势和制度优势，在深入细致分析海外市场的前提下，进行制造业海外转移的模式探索和创新。在海外转移模式选择上，应兼顾日本模式和美国模式，既要将那些已丧失成本优势的劳动密集型行业通过对外直接投资的形式转移出去，又要通过与“一带一路”沿线国家间产业合作为我国具有行业优势的制造企业开拓海外市场，推动铁路、电力、通信、工程机械以及汽车、飞机、电子等中国装备走向世界，通过“前向关联”效应推动我国制造业的技术进步和结构升级。为加快推动制造业海外转移进程，可以参考贸易便利化、公共卫生健康及知识产权领域经常使用的早期收获计划的做法，通过与特定国家签署协议选择一些项目重点推进。然后，通过这些重点项目的示范效应，由点及面，推动产业转移的全面铺开。实施早期收获计划，要充分结合东道国的资源优势，如印度、蒙古等劳动力要素丰富的国家适宜承接纺织服装行业，海合会国家因富含油气资源而适宜承接石油加工及炼焦业、化学、橡胶及塑料制品行业，中亚国家地域广阔且拥有丰富的矿产资源，适宜承接金属制品和运输设备行业。这种把海外转移与东道国经济发展相结合的模式很容易获得东道国当地社会的认同，也有利于激发沿线国家参与合作的积极性。在具体的做法上，我们可以从以下几方面入手：

（一）完善制造业海外转移政策支持体系

“一带一路”沿线涉及60多个国家和地区，这些国家和地区在市场环境、法律制度和社会文化等方面与我国存在较大差异，面向沿线国家和地区制造业海外转移的顺利实现，需要政府政策的积极介入。鉴于我国“走出去”企业以及“一带一路”沿线国家普遍面临资金匮乏的问题，针对制造业海外转移的金融支持必不可少。目前我国已筹建亚洲基础设施投资银行和丝路基金，国家开发银行已与18个沿线国家签署“国家规划合作协议”，为中国与沿线国家的产业合作提供中长期资金扶持。今后，应加大企业层面的金融支持力度，鼓励商业银行与制造业企业一同“走出去”，以缓解海外投资企业，尤其是中小企业融资难的问题，同时创新金融服务手段，助力制造业企业开拓海外市场。除了金融支持外，还需要进一步完善海外转移风险预警机制、加强双边投资谈判和投资保险、建立针对海外转移企业的后续培养和服务机制等。

（二）加强境外经贸合作区建设

建设境外经贸合作区，是我国政府为支持有实力的中国企业到一些国家和地区开展互利共赢的合作、促进与驻在国共同发展所作出的政策设计。截至2014年年底，我国已在50个国家和地区建立了118个经贸合作区。其中有77个分布在“一带一路”沿线国家[①]，这些经贸合作区的建立为我国企业深化与驻在国企业间的合作搭建了桥梁。在制造业向“一带一路”沿线国家转移的过程中，要充分发挥境外经贸合作区的载体作用，鼓励制造业企业进驻经贸合作区，政府相关部门要强化针对园区企业的服务和保障机制，如为园区企业提供与驻在国有关的国情、产业、文化介绍和法律服务；与驻在国政府签署双边合作区协定，保护园区企业的投

① 《中国境外经贸合作区已达118个“一带一路”沿线77个》，中国新闻网，http://finance.chinanews.com/cj/2014/12-31/6926328.shtml。

资权益，避免双重征税，为园区企业提供风险预警；推动园区内企业间的分工合作，最大限度地发挥园区的产业集聚效应。此外，要促进“一带一路”沿线国家境外经贸合作区间的合作，充分利用各驻在国的比较优势，使分布在各地的境外经贸合作区成为我国与“一带一路”沿线国家构建地区生产网络的承接平台。

（三）拓展展会对接等合作形式

由于以往我国制造业对外直接投资以发达国家和地区为主，因此，“一带一路”沿线国家企业对我国制造业产品的质量和技术水平并不甚了解，而我国制造企业对“一带一路”沿线国家的国内需求以及当地制造企业的发展情况也知之甚少。这样一来，为我国制造企业和“一带一路”沿线国家制造企业搭建一个相互了解和合作的平台，就成为我国制造业向“一带一路”沿线国家成功转移的突破口。在“一带一路”沿线国家举办专题展览会不仅可以宣传展示参会各企业的品牌和产品，扩大参会企业的市场影响力，而且可以为有投资意愿的企业与当地企业接洽并商谈投资协议提供对接的窗口。因此，我国应该大力推广“卡塔尔—2015MIC中国制造展”这样的专题展会，尤其是针对“一带一路”沿线不同国家的市场需求，以展会对接的形式弥补此前中国与有关国家制造业合作基础薄弱的不足，加快制造业海外转移的步伐。

（四）重视境外中国企业海外形象建设

在“一带一路”战略的推动下，我国对沿线国家的投资将呈现加速增长的态势，这既为制造企业带来了发展机遇，同时也伴随诸多挑战。对投资目的地的环保法律法规缺乏了解、企业自身缺乏环境保护意识、与当地政府及社区缺乏有效沟通等，都可能诱发企业的海外投资风险。为此，要引导企业走可持续发展的海外转移之路就需要完善海外转移企业的内部治理，避免出现违法经营、无序、恶意竞争的现象；要顺应各国可持续发展和环境保护的诉求，实现企业的投资利益与东道国当地的社会利益和环境利益协调一致。针对“一带一路”沿线国家复杂的投资环境和舆情环境，要树立公关意识，主动与东道国政府、当地社区建立沟通渠道，在宣传企业形象的同时避免因突发事件给企业经营造成干扰。建立高效的沟通渠道，树立可持续发展的企业社会责任意识，将大大提升境外中国企业的形象，有助于推动中国与“一带一路”沿线国家实现包容性发展、可持续发展，兼顾经济效益、环境保护和社会公平目标，实现互利共赢。

第二节
“一带一路”战略对沿线国家和地区的影响

“一带一路”战略是一条促进共同发展、实现共同繁荣的合作之路。通过发挥各国和地区的多边比较优势、共享资源，促进沿线国家的进步和发展、推动全球经济的再平衡。“一带一路”沿线国家大多属于新兴经济体和发展中国家，尚处于经济上升期，在基础设施建设、产业结构等方面都亟待升级和改革，因而存在很大的合作和改进空间。而“一带一路”战略的提出，正迎合了许多沿线国家进行社会经济改革的需求，所以“一带一路”战略对这些国家和地区产生的意义不言而喻，尤其在交通基础设施建设、产业和投资领域，影响深远。下面分别对北线、中线、南线等沿线各国在这三个方面所受到的影响进行分析和说明。

一、对沿线国家交通基础设施建设的影响

“一带一路”战略主要围绕政策沟通、设施联通、贸易畅通、资金融通、民心相通这五个内容开展建设。其中，基础设施互联互通是“一带一路”战略优先建设的领域，而交通运输又是重中之重。据亚洲开发银行的评估报告显示，2010—2020 年，亚洲各国累计需要投入 7.97 万亿美元用于基础设施的建设和维护，其中包括 989 个交通运输项目①。

（一）对北线沿线国家交通设施的影响

对于北线，主要由“一带一路”战略与俄罗斯亚欧大陆桥、蒙古的草原丝绸之路战略计划进行对接，推进中蒙俄经济合作走廊的形成，打造成亚洲和欧洲相联通的重要节点。其中，中蒙俄经济走廊有两条重要的通道：一条起始于京津冀，路经内蒙古呼和浩特，通过边境城市二连浩特，直达蒙古的乌兰巴托，最终融入俄罗斯远东铁路网；另一条沿老中东铁路从东北连通到满洲里和俄罗斯的赤塔。两条通道将中国的渤海湾经济圈通过中蒙俄的经济走廊与欧洲经济圈连接起来，形成亚欧经济带。

目前，蒙古国的交通设施仍然落后，境内只有一条连接中国和俄国的铁路，尚无高速公路，主要靠公路维持运输。

① 《“一带一路”战略实施中国高等教育使命需及时调整》，光明网，《光明日报》，2015 年 5 月 12 日。

由于交通落后，不仅无法充分发挥其连接亚欧地区的地理优势，更阻碍了自身国民经济的发展。为此，蒙古政府提出了修建草原“丝绸之路”的对策，主要包括修建连接中、俄的997公里高速公路，1100公里电气线路，扩展跨蒙古铁路，疏通石油、天然气输送管道。但资金、技术、材料、人力的供给对于欠发达的蒙古仍是一大难题。而“一带一路”战略恰为蒙古提供了建设交通基础设施的有力资助，中国可以为蒙古带来世界先进的高速公路、高铁修建技术以及各类基建材料，亚洲基础设施投资银行等投融资机构可以为其提供充足的建设资金。通过“一带一路”战略与“草原丝绸之路”的成功对接，将极大地改善蒙古的交通状况，充分发挥其地理优势，成为连接亚欧大陆的便捷通道。同时，随之而来的经济效益也极为可观。据估计，通过经营中俄间天然气和石油的过境运输，蒙古国将在2020年获得2000亿蒙图的收益①。

俄罗斯的交通网虽趋于完善，但基础设施的发展仍然滞后，相关技术得不到改进，尤其在俄罗斯的西伯利亚和远东地区的问题尤为严重，这已经成为俄罗斯转变经济发展模式时所面临的重要难题。马斯列尼科夫也指出，没有基础设施的发展，远东地区的经济也无从发展②。另外，俄罗斯目前受到西方国家政治和经济的制裁，造成企业融资困难，并且国际原油价格大幅下滑，给俄罗斯经济带来了沉重的打击。所以，在俄罗斯基础设施建设中，不仅需要中国的技术，也需要中国的资金。目前，两国已开启了中俄原油管道项目、

---

① 驻蒙古经商参处：《蒙古国启动“草原之路”计划以振兴经济》，中国商务部网站，2014年9月27日，http://www.mofcom.gov.cn/article/i/jyjl/j/201409/20140900746042.shtml。

② 《俄罗斯专家看好“一带一路”前景》，新华网，http://news.xinhuanet.com/politics/2015-06/24/c_1115708831.htm。

西线天然气输送项目等。同时，中国投资了60亿美元推动亚欧大陆高速铁路的现代化建设。该条铁路全长约1.3万公里，途径亚欧八国，是世界上最长的铁路，这条新铁路的建设有望将原来的总运行时间缩短75%。由此可见，中、俄通过“一带一路”战略的合作，不仅有利于解决俄罗斯西伯利亚与远东地区基础设施建设的发展难题，还帮助搭建新亚欧大陆高速铁路，实现其经济战略部署。可以说“一带一路”战略打通了俄罗斯的生命线，满足了全国的客运需求量，缩短了运输时间，节约了运输成本，深刻地影响了俄罗斯交通基础设施的建设和发展。

（二）对中线沿线国家交通设施的影响

关于中线沿线国家，主要涉及中亚、西亚和中东欧地区。其中，中亚、西亚凭借其优越的地理位置和丰富的天然能源，成为“一带一路”战略的重点合作对象。“一带一路”战略将与哈萨克斯坦的“光明之路”，塔吉克斯坦的“能源、交通、粮食”三大兴国战略，土库曼斯坦“强盛幸福时代”等国家的发展战略相对接，推进中国—中亚—西亚经济走廊的形成。该经济走廊将不断延伸至伊朗、伊拉克、沙特阿拉伯、土耳其等西亚北非地区，形成另一条欧亚非经济带。

目前，中亚五国的交通基础设施发展水平和布局存在不平衡性，除哈萨克斯坦外，其他四国普遍落后。首先，中亚地区主要以公路运输为主，但土库曼斯坦和乌兹别克斯坦还没有高速公路，且路况较差。其次，唯有哈萨克斯坦的铁路设施较为先进，其他国家的铁路要么年久失修；要么没有形成铁路网，且没有电气化线路；要么总里程不足，无法承载客运量的需求。最后，中亚地区海上运输不是很发达，基本无海运，局部地区主要以内河航运为主。同样，在西亚地区也存在交通建设不完善，布局不平衡的问题。阿曼苏丹和阿拉伯联合酋长国还没有铁路，西亚多数国家港口的转运能力也较差，航空线路不足等。而“一带一路”战略的实施将大力改善中亚地区的交通状况，摆脱其内陆国的困境，同时也为西亚地区实现国内交通基础设施的升级和改造带来了机遇。

在公路运输方面，基本建成了“中国—中亚公路带”与“中国西部—欧洲西部”交通走廊。在铁路建设方面，启动了新亚欧大陆桥和“渝新欧”国际铁路的建设项目。在海上运输方面，科威特将在北部索菲亚地区打造一座新城——“丝绸城”，成为连接欧亚的重要港口；卡塔尔也提出将注资扩建多哈港口，以对接“一带一路”战略。在管道运输方面，继续推进中国—中亚天然气管道建设，该能源管道起于土库曼斯坦和乌兹别克斯坦边境，经乌兹别克斯坦中部和哈萨克斯坦南部，从霍尔果斯进入中国，成为“西气东输二线”，这是世界上目前最长的天然气管道。综上，通过陆、海、空交通的改造和建设，中国、中亚和西亚地区将在交通基础设施方面实现全方位的互联互通。

再观中东欧地区，中东欧 16 国地处欧洲的十字路口，地理位置十分优越，属于交通要塞，而交通问题在经济的发展中日益凸显。大部分国家交通设施较为陈旧，面临着改造和重建。借着“一带一路”战略的快车，中东欧各国的公路、铁路、航运都将得到现代化的建设和改造。如塞尔维亚贝尔格莱德跨多瑙河大桥、马其顿米拉迪诺维奇—斯蒂普和基切沃—奥赫里德高速公路等项目已经顺利开工。此外，也为中东欧打造陆海连通的交通网带来了机遇，如中欧陆海快线，南起希腊比雷埃夫斯港，北至匈牙利布达佩斯，形成一条综合交通运输走廊。该条线路不仅有利于提升该区域交通物流水平，还将加快欧洲一体化的进程。

（三）对南线沿线国家交通设施的影响

“一带一路”战略的南线，依托沿线中心城市、重要港口，以铁路、公路、港口为载体和纽带，将中国与南亚、东南亚、东非、欧洲相连接，形成第三条欧亚非经济带，沿线地区还将推进中巴经济走廊、孟中印缅经济走廊与中国—中南半岛经济走廊的形成。这一条丝绸之路的形成也将为沿线国家和地区的交通基础设施的发展带来机遇。

其中，中巴经济走廊始于喀什，终于巴基斯坦瓜达尔港，全长3000公里，北接丝路经济带，南连“21世纪海上丝绸之路”，贯通南北丝路，是一条包括公路、铁路、油气和光缆通道在内的贸易走廊。在交通基础建设方面，主要包括瓜达尔港—红其拉甫公路、喀喇昆仑公路、卡拉奇—拉哈尔高速公路、瓜达尔港高速公路、瓜达尔的国际机场等项目。这些“一带一路”战略的交通基建项目不仅将改变巴基斯坦欠发达的交通状况，充分发挥其拥有区域地缘核心的重要地理优势，还将带动周边地区交通设施的共同发展。

对于孟中印缅经济走廊，主要涉及国家和地区大都为发展中国家，交通很不发达，基础设施仍处落后水平。“一带一路”战略项目的实施将从公路、铁路、水运、航空等领域全面带动南亚、东南亚的交通设施的建设和改进。公路方面，中老泰、中越、中缅、中印公路国内段基本实现高等级化，并且已有16条通往大湄公河次区域的客运公路；铁路方面，中越、中泰、中缅、中国—缅甸—南亚铁路已经步入前期准备工作；水运方面，孟加拉国吉大港、缅甸皎漂港、印度尼西亚雅加达港等港口的建设已经启动。孟中印缅经济走廊的建设，将中国、东南亚、印度三大亚洲市场相连接，助力地区乃至整个亚洲的繁荣。

综上所述，“一带一路”战略依托重要城市，通过修建和改造各国公路、铁路、港口等，全方位地构建了一张交通运输网络，将六大经济走廊逐一串联起来，促进了亚洲次地区、欧洲次地区以及亚欧非地区的互联互通，实现真正意义上的“天涯若比邻”。

二、对沿线国家产业的影响

“一带一路”战略的沿线国家大多数处于工业化初期阶段，产业结构发展不合理，产业链相对脆弱。俄罗斯、东亚、中亚、西亚等国家的经济高度依赖能源、矿产等资源型行业，并且不少国家属于农业大国。在此背景下，“一带一路”战略将推进新兴产业合作，优化产业链分工布局，推动上下游产业链和关联产业协同发展，鼓励合作建设境外经贸合作区、跨境经济合作区等各类产业园区，促进产业集群发展[①]。

（一）对北线沿线国家产业的影响

俄罗斯的产业结构存在比较严重的问题，主要表现为第二产业内部调整和结构升级进程缓慢。众所周知，俄罗斯是世界矿产和能源储备量最大的国家。但关于能源产业的发展还主要停留在开采和出口这一初级阶段，能源的深度开发和进一步的加工制造并没有得到很大的进步，经济增长的很大部分依赖于能源产业尤其是石油、天然气的出口，导致俄罗

① 《推动共建丝绸之路经济带和21世纪海上丝绸之路的远景与行动》，《人民日报》，2015年3月29日。

斯面临陷入“比较优势陷阱”的危险。此外，第三产业的内部结构也存在不合理性，商业、餐饮业、金融服务业等发展较快，但交通运输业、教育、卫生等领域发展滞后。

至于蒙古国，还属于较落后的发展中国家。产业结构较为单一，第一产业主要依托于畜牧业和种植业，第二产业则以采矿业等低附加值的加工制造业为主；第三产业还处于初级发展阶段，交通运输业、金融服务业都有待提高，且蒙古一直由于基础设施尤其交通运输不发达，技术上难以突破等原因，制约着其经济的发展和产业结构的优化与升级。

“一带一路”战略合作以及中蒙俄经济走廊的建设，将为蒙古、俄两国的产业发展找到新的突破口。

首先，“一带一路”战略促进了中、蒙古、俄在农牧业、林业、水资源等产业领域的合作。例如，蒙古的支柱性产业——畜牧业的发展在环境和自然资源方面具有很强的约束性，并且相关初级产品的出口量和价格很容易受到高附加值进口国的影响，由此造成畜牧业产业链的脆弱性和不可持续性。而在“一带一路”战略合作中，我国一方面提倡基础设施的绿色低碳化建设和运营管理，强调对生态环境的保护；另一方面，我国在加强与蒙古贸易合作的同时，还鼓励相关企业“走出去”，投资蒙古方农牧产品的加工制造，为蒙古传统产业的进一步发展带来资金和技术，促进第一产业内部的发展和优化。由此延长了畜牧业的产业链，也保证了其产业的稳固和可持续发展。

其次，“一带一路”战略将基础设施的互联互通摆在了优先发展的位置上，一方面加强中、蒙古、俄三国在交通、能源管道、输电通道等方面的连通；另一方面与俄罗斯、蒙古等重大基础建设项目进行对接和合作，如中方积极参与蒙古国打造“亚洲超级电网”的提案，在矿产品深度加工、煤化天然气等项目上进行深入合作。我国也将进一步与俄方在天然气、原油方面继续合作，如“西伯利亚力量”管道的修建等。如此一来，不仅带动了俄罗斯、蒙古能源业、电力业、矿产业等产业的发展，还有助于俄、蒙古第二产业内部结构的升级，加大高附加值产业的比重。

最后，“一带一路”战略还将加深信息技术、生物制药、新材料等新兴产业的合作，同时推动教育、文化、旅游服务等领域的交流。这一系列的合作将弥补俄、蒙古第三产业的薄弱部分，促进第三产业的发展。

（二）对中线沿线国家产业的影响

中线沿线国家和地区大部分属于发展中国家，经济增长较快。其中，中亚是“一带一路”经济带的核心区，环中亚地区是“一带一路”经济带的重要区。所以，把中亚作为中线沿线国家的主要分析对象，考察“一带一路”战略对其产业的影响。

中亚五国具有丰富的能源、矿产资源、旅游资源，且粮食、棉花等农产品产量较高。但由于地处内陆，缺乏出海口，大部分地区交通设施发展落后，相关技术不发达，使得要素禀赋及其结构得不到优化和升级，制约了其产业结构的转型和发展，从而也导致了中亚大部分国家处于产业链上游和技术链低端的发展中国家的行列。

随着“一带一路”经济带的形成，将为中亚地区的产业提供转型动力，打开转型的突破口。在“一带一路”产业投资项目中，结合中亚的经济状况以及其要素禀赋的比较优势，将合作的主要领域集中于农产品、资源、能源等相对低附加值的产业中。

一方面，通过加强硬件与软件基础设施的建设和合作，为中亚产业的转型找到突破口。其中，硬件基础设施建设主要包括大力修建铁路、高速公路，铺设能源管道，更新相关的配套设施，加强物流运输等。如中哈原油管道与中国—中亚天然气管道的升级改造，新亚欧大陆桥的建设、航空航线的增加，中哈物流基地的成立等。这些基础设施的完善和改造推动了商品贸易的互联互通、扩大了市场边界、降低了运输成本与交易费用，从而推动产业的持续发展，并且带动了就业，促进了经济增长。在软件基础设施方面，“一带一路”战略提倡贸易畅通，消除投资和贸易壁垒，构建各国良好的营商环境，并且中国在提出“一带一路”战略之后便出资400亿美元成立了“丝路基金”，为“一带一路”沿线国家的互联互通有关项目提供投融资支持①。且于2015年12月14日决定出资20亿美元作为中国—哈萨克斯坦产能专项基金②。有这样优惠的合作机制与投融资平台作后盾，有助于资金与技术的引进，从而推动中亚地区产业结构升级。

另一方面，通过“一带一路”战略合作，各国将自身现有的先进技术和设备引入到相关产业中，而这些先进的技术将成为中亚产业结构升级的主要动力。在能源方面，重点合作项目为能源产品的深度加工、矿产的勘探和开发、能源管道以及相应设备的改造等；在农业方面，将土壤改良、高产栽培、优良品种繁育、农产品深加工及农机等农业技术推广到中亚国家，带动农业下游的发展。

综上，结合中亚地区要素禀赋的比较优势与经济现状，通过“一带一路”战略合作，推动了中亚产业结构的升级和发展。

---

① 《丝路基金的“五个W和一个H”》，中华人民共和国国务院新闻办公室，2015年6月6日。

② 英媒：《丝路基金出资20亿美元支持中哈产能合作》，中国经济网，2015年12月15日。

（三）对南线沿线国家产业的影响

在“一带一路”战略中，南线沿线主要打造了“中巴经济走廊”与“孟中印缅经济走廊”两个经济带，其中，产业合作是经济走廊建设的重要组成部分。下面分别就两个经济走廊对南亚、东南亚产业产生的影响进行分析。

首先，“中巴经济走廊”重点合作的国家为巴基斯坦，并以其为基础向中亚、南亚地区辐射，带动更为广泛的发展。长年以来，巴基斯坦的产业结构存在不合理性，主要以农业为支柱产业，工业发展缓慢，基础薄弱，工业化水平较低，而第三产业过早的居于国民经济的主要地位①。此外，基建设施落后与能源短缺已经成为了其经济发展的主要障碍，但巴基斯坦地处交通要塞，具有丰富的矿产资源和劳动力，具有很大的改进空间。

借着“一带一路”战略合作机遇，巴基斯坦将通过与中方合作，实现产业全面升级与经济发展。

对于第一产业，在原有种植业、节水灌溉业、畜牧业与渔业的合作基础上，逐渐拓展到了农产品加工、农业机械等领域。通过先进技术与产品的引入，将改善巴基斯坦落后的农业基础设施，提高粮食产量，发展农产品加工业，生产多样化、高附加值的农产品，从而推动第一产业的结构升级②。

对于第二产业，首先是在能源方面的合作。目前巴基斯坦面临着严重的用电危机，不仅生产用电不能满足，居民用电也难以保证。而吉姆普尔风电站、卡洛特水电站等清洁能源项目的合作将极大地化解巴基斯坦的用电危机，并且推动

---

① 殷永林：《近期巴基斯坦经济发展走势分析》，《南亚研究季刊》，2014 年第 4 期。

② 高云、刘祖昕、矫健等：《中国与巴基斯坦农业合作探析》，《世界农业》，2015 年第 8 期。

其电力产业的发展。另外，在油气领域也推进了一批大型的合作项目，建立了以油气为重点的能源基地，延伸相关产业链，并加快了配套基础设施的建设。其次是矿产方面的合作。巴基斯坦具有丰富的矿产资源，但由于工业水平较低，一直没有被充分的开发和利用。通过“一带一路”战略合作，巴方将引进先进的勘探开采与加工制造技术。例如钢铁产业，巴基斯坦煤矿储量可观，但一直限于技术落后而没有加以开采利用。根据2014年上半年中国冶金科工股份有限公司与巴基斯坦旁遮普省政府签署的协议，中方将对吉尼奥德地区的铁矿储量展开勘探，并且巴基斯坦政府将在当地规划建设炼钢厂，该项目的合作将结束巴基斯坦钢铁产业原材料完全依赖海外进口的历史①。最后是制造业的发展，利用巴基斯坦丰富的劳动力资源，中国将一大批劳动密集型制造业转移到巴基斯坦，带动相关行业的发展。

关于第三产业，主要在金融、电信、制药、旅游等行业进行合作，双方取长补短，互利共赢。

对于围绕南亚、东南亚地区形成的“孟中印缅经济走廊”，大部分国家都属于新兴的发展中国家，但产业结构的发展还处于不同的水平，具有互补发展的空间。其中重点合作的印度、缅甸、孟加拉等国都处于工业化的起步阶段，但印度的IT和服务外包等现代化服务产业较为发达，以“世界办公室”著称；缅甸和孟加拉国的工业化水平虽然较低，但具有丰富的矿产、木材等资源；此外，泰国、马来西亚、菲律宾、越南等地区盛产橡胶、黄麻、甘蔗等经济作物，并且旅游业也很发达。而“一带一路”战略就是利用各国要素禀赋的比较优势，通过基础设施的互联互通，促进生产要

① 孙正平：《中巴经济走廊建设需要中国钢铁》，《中国冶金报》，2015年4月20日。

素的自由流通，加强各国的产业合作和交流。同时，共同培养产业集群，加快互补性发展和错位发展，形成完整的产业链条，推动各个国家产业结构的升级。另外，在与东南亚各地区合作时，更注重“软制度”的交流，即技术、文化、教育、政策、制度等方面的沟通。一方面加强各方的情感交流，破除之前的误会；另一方面，有助于产业制度的对接，促进产业合作的顺利进行。

专栏 5－1

华夏幸福牵手印度尼西亚—践行“一带一路”战略

2013 年，国家主席习近平在访问印度尼西亚期间提出了举世瞩目的战略构想，即“21 世纪海上丝绸之路”倡议，可以简称为“一带一路”战略。此战略促进泛亚和亚欧区域的进一步合作，得到了国际社会的广泛关注。

此次，习近平主席表示：“中国愿同各方一道推进‘一带一路’建设，共同建设好亚洲基础设施投资银行，发挥好丝路基金作用。”为响应习主席“一带一路”战略号召，2015 年 12 月 28 日，华夏幸福牵手印度尼西亚共和国 AS 公司签署备忘录，旨在为两国带来更好的经济发展。

在合作方式上，华夏幸福将与 AS 共同设立合资公司，华夏幸福以子公司的模式亮相。该合作的战略基地位于印度尼西亚万丹省唐格朗市 Pasar Kemis 的目标区域，从整体规划到细节开发，华夏幸福与 AS 共建的合资公司将为当地人民带来经济方面的大发展。

就华夏幸福牵手印度尼西亚响应“一带一路”这一战略举措，业内人士认为此举不仅是对华夏幸福产业新城运营能力的认可。作为“一带一路”上的重要节点国家之一，印度尼西亚的潜能得到了开发，同时为华夏幸福进一步走向国际奠定了重要基础。

资料来源：闽南网。

三、对沿线国家引进外资的影响

“一带一路”战略合作中，中国与沿线国家在基础设施建设、能源、矿产等领域中推进了一大批合作项目。单看2015年，我国企业就对“一带一路”战略相关的49个国家进行了148.2亿美元的直接投资。对于东道国——沿线国家来说，这些大型项目的合作带动了国内投资增长，促进了经济发展。通常情况下，东道国常会由于引进外资而面临诸多风险和挑战，但在“一带一路”战略投资合作中，将减少甚至避免该类风险的发生。

（一）东道国引进外资时面临的主要风险

东道国面临的风险主要有投资方与受资方目标冲突的风险、沦为“加工厂”的风险、出现“空心化”的风险、汇率风险、环境污染风险等①。

投资方与受资方目标冲突的风险主要是指外资的引入并没有为东道国带来处于世界先进水平的技术、管理、营销等，偏离了其引导政策。产生此种情况的主要原因是由于投资方常常会出于自身的考虑而不顾受资方的利益，投资其他国家也只是为了利用当地丰富的自然资源、稳定的社会环境、廉价的劳动力等为自己赚取超额利润，至于有没有为受资方带来利好，并不是他们关注的重点。

沦为“加工厂”的风险是指东道国通过与投资国合作，凭借人口红利和丰富的自然资源加入到全球的产业链条中，

---

① 王水娟、许长新：《全球化背景下东道国利用外资的风险研究》，《亚太经济》，2004年第3期。

而资金、管理、技术都依赖于外资，最终导致只进行一些简单的加工组装，一直处于产业链底端，沦为“加工厂”。

“空心化”风险是指某一地区的产业完全是靠国外投资而发展起来的，并且这些产业具有退出成本低的特点。一旦当地政府的投资政策不再能吸引外资，会引起外资大量的撤离，造成当地经济的“坍塌”，即面临“空心化”的风险。

汇率风险是指经济体持有或运用外汇的经济活动中，因汇率变动而面临的风险。在开放的经济体中，外汇市场上本币的汇率以及国内外利率差的变化都可能给这个国家带来金融上的风险。

环境污染风险是指外资的引入很有可能造成受资方国内自然资源的过度使用，并且也会加重当地的环境污染。

（二）“一带一路”战略降低了沿线国家引入外资的风险

“一带一路”战略的投资合作，并不是带有政治性的外资扩张或是资源掠夺，它更强调国家之间的互利共赢。中国作为沿线较先进的国家，将努力帮助发展欠发达国家的经济，投资于当地亟待发展和优化的产业，增加就业，改善其民生，并没有因为东道国社会动荡、政治更迭等不利因素而放弃投资。

首先，“一带一路”战略主要围绕五个互联互通展开，即政策沟通、设施联通、贸易畅通、资金融通、民心相通。通过政策沟通，中国与沿线国家的政府之间将加强合作，构建多层次政府间宏观政策沟通机制。沿线各国可以就经济发展战略和对策进行充分的交流对接，共同制定区域间合作的规划和措施。依照这样的合作路径，投资方和受资方将在利益和目标上达成共识，投资方既可以实现投资收益，受资方也能够按照自己的发展需求将外资投放到亟待发展的产业当中，如此一来，减少了双方目标冲突的风险。关于设施联通，一方面改善了沿线各国基础设施，另一方面形成连接亚洲各次区域以及欧亚非之间的基础设施网络。这些投资项目夯实了沿线各国经济发展的基础，增加了其经济承载力。另外，民心相通加强了各国人民在文化、技术、教育、科技等方面的交流。通过广泛开展人才交流和科技合作，沿线国家可以相互取长补短，引入先进的技术并加以吸收利用，达到共同进步与创新的目标。这些举措不仅避免了沿线国家会因为外资撤离而发生经济危机的命运，也降低了其沦为"加工厂"的风险，让沿线国家真正地融入全球化的产业链中，推进自身产业结构的优化和发展，拥有独立的高附加值产业。

另外，在"五通"措施中都强调绿色低碳化建设和运营管理，加强保护生态环境与生物多样性。这样的投资理念将促进沿线国家的绿色发展和可持续发展，避免其环境污染、资源枯竭。

当然，对于汇率风险这样受到世界经济和市场影响的风险，应当由当地政府和机构作好相应的风控措施，减少损失。

综上所述，"一带一路"战略是一项开放、包容的合作计划，是一条真正为参与国谋发展、谋福利的共赢之路！

结束语

"一带一路"战略具有很强的历史基因，丝路、瓷路、茶路、盐路、粮路、玉石之路等综合而为历史上的商贸交流通道，使中国产品、科技文化、制度等向世界各地传播开来，构成了中华文明的重要一角。2013 年以来，我国重新提出"一带一路"战略构想，在顶层设计层面展现出以区域带动整体的经济发展思路，通过"政策沟通、设施联通、贸易畅通、资金融通、民心相通"等"五通"，把东亚经济圈与欧洲经济圈连接起来，打造亚非欧的命运共同体，实现和谐共赢的目的。本书对此战略构想从政治、经济、文化等方面做了一些初步的讨论，毋庸讳言，这些讨论均是一个尝试性的，仅仅是我们中外经济比较研究中心在"一带一路"战略研究中的初始结晶。毕竟，我们对此研究的时间很短、功底不够深厚，在"一带一路"战略构想中提出一些问题，以求教于社会各界并为当前"一带一路"战略的践行提供某些学理参考。

历史上看，"一带一路"是中国与亚、非、欧诸国沟通的主要渠道。丝绸之路，自西汉张骞正式打通以来，一直到唐朝都是中西交往最为重要的经贸通道；随着北宋以来经济重心的南移，丝绸之路的重要性逐步由陆路转向了海路，其活动在明朝郑和下西洋时推向了顶峰。之后，我国主导的海路活动渐趋萎缩，到近代之后逐步被西方世界所控制和替代。在此过程中，中国古代的手工业品、科学技术、药物等通过丝绸之路源源不断地流向西方，给西方世界产生了巨大的影响；西方依靠来自中国等地"东方资源组合"不但冲破了中世纪的黑暗，而且还以此为依托开辟了新航路，使西方先于中国进入到现代经济发展的行列。中国则在近代之后日益沦为西方列强的半殖民地，陷入水深火热之中。此时，陆上的丝绸之路则成为西方入侵中国的通道，在它们侵略过程中随意的分割行为，又成为当前中国与周边国家边界争端的重要肇因；海上的丝绸之路，伴随它们对周边国家和地区的殖民活动而完全打乱了原有的秩序，成为目前该地区不稳定的主要诱因。

现实而言，"一带一路"战略构想的提出，虽然具有政治、经济、文化等方面的全面考衡，通过"一带一路"战略的建设，打通与欧洲经济圈的直接连接，破除美国对中国的战略性围堵；但也有借助"一带一路"战略建设的机遇，化解由西方列强近代侵略所造成的地区不稳定的问题，使中国与沿线各国和地区之间的交往更加畅通，真正实现和谐共赢的发展目标。当然，"一带一路"战略涉及中国与沿线国家和地区之间的诸多利益，必然在现实践行中出现诸多摩擦。但从长远来看，该战略必定会造福于与此相关联的国家和地区，甚至为重构国际经济、政治新秩序铺垫基础，彻底改变历史上秩序变更中零和博弈式的"修昔底德思维"。

当然，本书仅仅是中央财经大学中外经济比较研究中心的一个初步尝试，是一个"试水"之作，诚恳专家、同仁的批评指正。

参考文献

[1] 王微微主编：《区域经济一体化的经济增长效应及模式研究》，中国社会科学出版社2013年版。

[2] 邹磊：《中国“一带一路”战略的政治经济学》，上海人民出版社2015年版。

[3] 张国刚、吴莉苇：《中西文化关系史》，高等教育出版社2008年版。

[4] 冯并：《一带一路：全球发展的中国逻辑》，中国民主法制出版社2015年版。

[5] 冯并：《丝路大视野》，宁夏人民出版社2015年版。

[6] 赵磊：《一带一路》，中信出版社2015年版。

[7] 向洪：《新丝路新梦想》，红旗出版社2015年版。

[8] 陈红进：《用新结构主义理论指导产业结构转型升级》，《企业管理》，2015年第4期。

[9] 陈剩勇、孙仕祺：《产能过剩的中国特色、形成机制与治理对策——以1996年以来的钢铁业为例》，《南京社会科学》，2013年第5期。

[10] 兰日旭：《经济强国之路》，高等教育出版社2014年版。

[11] 范锦玉：《亚投行风险控制对策建议》，《对外经贸》，2015年第8期。

[12] 冯浩：《“一带一路”战略下国际通道建设问题的思考》，《综合运输》，2014年第10期。

[13] 刚翠翠、任保平：《丝绸之路经济带背景的中亚五国发展模式》，《改革》，2015年第1期。

[14] 高丰、于永达：《中国外汇储备对经济的影响及适度规模分析》，《金融与经济》，2003年第6期。

[15] 高佳琳：《外汇储备与“一带一路”战略的相互影响》，外交学院2015年硕士学论文，2015年。

[16] 公丕萍、宋周莺、刘卫东：《中国与“一带一路”沿线国家贸易的商品格局》，《地理科学进展》，2015年第5期。

[17] 韩国高、高铁梅、王立国：《中国制造业产能过剩的测度、波动及成因研究》，《经济研究》，2011年第12期。

[18] 韩永辉、罗晓斐、邹建华：《中国与西亚地区贸易合作的竞争性和互补性研究——以“一带一路”战略为背景》，《世界经济研究》，2015年第3期。

[19] 何剑、王小康：《中国与中亚国家区域经济合作的贸易效应研究——基于丝绸之路经济带视角》，《价格月刊》，2015年第12期。

[20] 何茂春、张冀兵、张雅芃等：《“一带一路”战略面临的障碍与对策》，《新疆师范大学学报：哲学社会科学版》，2015年第3期。

[21] 胡卫平、田阳：《“一带一路”战略下看能源投资机遇》，《中国电力企业管理（综合）》，2015年第7期。

[22] 金玲：《“一带一路”：中国的马歇尔计划?》，《国际问题研究》，2015年第1期。

[23] 孔令洁：《中国对东盟直接投资产业选择研究》，山西财经大学2015年硕士学位论文。

[24] 李庚伦：《“一带一路”战略与中国边疆治理》，《云

南民族大学学报（哲学社会科学版）》，2015 年第 5 期。

[25] 李建民：《丝绸之路经济带、欧亚经济联盟与中俄合作》，《俄罗斯学刊》，2014 年第 5 期。

[26] 李向阳：《构建“一带一路”需要优先处理的关系》，《国际经济评论》，2015 年第 1 期。

[27] 李新：《普京欧亚联盟设想：背景、目标及其可能性》，《现代国际关系》，2011 年第 11 期。

[28] 李治军：《美韩同盟与东亚安全：一种结构主义理论的分析》，复旦大学 2008 年博士学位论文。

[29] 刘昌明、孙云飞：《中国“一带一路”战略的国际反响与应对策略》，《山东社会科学》，2015 年第 8 期。

[30] 刘慧、叶尔肯·吾扎提、王成龙：《“一带一路”战略对中国国土开发空间格局的影响》，《地理科学进展》，2015 年第 5 期。

[31] 刘翔峰：《亚投行与“一带一路”战略》，《中国金融》，2015 年第 9 期。

[32] 罗雨泽：《“一带一路”：和平发展的经济纽带》，《中国发展观察》，2015 年第 1 期。

[33] 彭菲：《中国—东盟贸易结构特征和优化对策研究》，云南大学 2015 年硕士学位论文。

[34] 乔木：《“一带一路”战略产业结构的模式分析》，《管理观察》，2015 年第 17 期。

[35] 全毅、汪洁、刘婉婷：《21 世纪海上丝绸之路的战略构想与建设方略》，《国际贸易》，2014 年第 8 期。

[36] 桑百川、杨立卓：《拓宽我国与“一带一路”国家的贸易关系——基于竞争性与互补性研究》，《经济问题》，2015 年第 8 期。

[37]《推动共建丝绸之路经济带和 21 世纪海上丝绸之路的远景与行动》，《人民日报》，2015 年 3 月 29 日。

［38］申现杰、肖金成：《国际区域经济合作新形势与我国“一带一路”合作战略》，《宏观经济研究》，2014 年第 11 期。

［39］史昕、邢彬彬：《“一带一路”油气全产业链国际合作战略研究》，《国际经济合作》，2015 年第 8 期。

［40］史贞：“产能过剩治理的国际经验及对我国的启示”，《经济体制改革》，2014 年第 4 期。

［41］苏杭：《“一带一路”战略下我国制造业海外转移问题探究》，《国际贸易》，2015 年第 3 期。

［42］习近平：《中共中央关于全面深化改革若干重大问题的决定》，《党建研究》，2013 年第 22 期。

［43］汪亚青：《地缘经济新格局下战略性新兴产业国际竞争力塑造》，《西部论坛》，第 25 卷第 5 期。

［44］王立国：《基于技术进步视角的产能过剩问题研究》，《财经问题研究》，2012 年第 2 期。

［45］保建云：《论“一带一路”建设给人民币国际化创造的投融资机遇、市场条件及风险分布》，《天府新论》，2015 年第 1 期。

［46］王兴艳：《产能过剩评价指标体系研究初探》，《技术经济与管理研究》，2007 年第 4 期。

［47］王永茂：《中国外汇储备宏观经济效应研究》，经济科学出版社 2013 年版。

［48］王志凯：《“一带一路”战略与“亚投行”的使命》，《中国浙江省委党校学报》，2015 年第 6 期。

［49］王志民：《“一带一路”战略推进中的多重互动关系分析》，《中国高校社会科学》，2015 年第 6 期。

［50］谢燮：《“一带一路”战略下的交通发展趋势》，《中国远洋航务》，2015 年第 9 期。

［51］伊斯哈克·瓦西姆：《一带一路伟业：中国与沿线国家的作为》，《开放导报》，2015 年第 4 期。

[52] 袁新涛:《"一带一路"建设的国家战略分析》,《理论月刊》,2014 年第 11 期。

[53] 岳毅:《"一带一路"助人民币国际化》,《香港文汇报》,2015 年 4 月 16 日。

[54] 张国华:《"一带一路"战略下的港口转型升级之路》,《中国国情国力》,2015 年第 3 期。

[55] 张明:《直面"一带一路"的六大风险》,《国际经济评论》,2015 年第 4 期。

[56] 郑涛、左健、韩楠:《产业转移背景下"一带一路"战略对中西部地区经济发展的影响》,《工业技术经济》,2015 年第 9 期。

[57] 宗良:《大型企业参与"一带一路"战略前景与策略选择》,《国际金融》,2015 年第 6 期。

[58] 周兆呈:《国际舆论视野中的"一带一路"战略》,《南京社会科学》,2015 年第 7 期。

[59] 中央党校省部级干部进修班(第 57 期):《"一带一路"战略面临的风险挑战及对策研究》,《理论视野》,2015 年第 8 期。

[60] [美] 詹姆斯·克罗蒂:《为什么全球市场会遭受长期的产能过剩?——来自凯恩斯、熊彼特和马克思的视角》,向悦文译,《当代经济研究》,2013 年第 1 期。

[61]《产权导刊》编辑部:《"一带一路"路线图发布互利共赢助中国企业走出去》,《产权导刊》,2015 年第 8 期。

[62]《福建省 21 世纪海上丝绸之路核心区建设方案》,《福建日报》,2015 年 11 月 17 日。

[63] 范爱军、白玉竹:《丝绸之路经济带建设对中国与中亚五国贸易互补性影响》,《东方论坛》,2015 年第 5 期。

[64] 王聪:《丝绸之路经济带核心区产业转型与合作:新结构经济学的视角》,《人文杂志》,2015 年第 3 期。

[65] 莫蕾钰、洪成文：《“一带一路”战略实施中国高等教育使命需及时调整》，《光明日报》，2015 年 5 月 12 日。

[66] 高云、刘祖昕、矫健等：《中国与巴基斯坦农业合作探析》，《世界农业》，2015 年第 8 期。

[67] 王水娟、许长新：《全球化背景下东道国利用外资的风险研究》，《亚太经济》，2004 年第 3 期。

[68] 中金公司、中银国际证券、民生证券、广发证券、东方证券：《“一带一路”的资本盛宴》，《资本市场》，2015 年第 6 期。

后　记

“一带一路”战略自提出之后，就引起了社会各界的关注：政府层面上已经形成了一套相对完整的行动路线和政策措施，学术界等则从学理角度进行了探索。企业、政府等行为主体在经济、政策等各个方面开始了践行，对沿线省份、国家和地区产生了初步的影响。然而，“一带一路”战略构想的提出时间较短，对战略中存在的风险、难度等的认知还不太明朗，加上沿线必经的中东等地区局势不稳、美欧等国家的干扰，给“一带一路”战略的推行产生了一定的阻力。在此背景下，我们从战略内涵的角度提出撰写本书，以为今后“一带一路”战略的践行等提供某些参考。

以“一带一路”战略为主题的商道研究，是中央财经大学中外经济比较研究中心的核心研究任务之一。该中心成立于2015年，其宗旨是在积极推动基础性理论研究的同时，面向社会为政府、企业等提供信息咨询与决策参考服务。本中心的研究方向主要包括中外经济关系变迁、中外金融组织与制度比较、中外文化与制度比较、“一带一路”战略、自由贸易区等。本书是该中心成立之后展开的一项年度研究报告之一。

本书是一个集体讨论、合作写作的结晶。全书的框架，是由兰日旭、岳海峰提出和设计。在具体的写作和分工上，各章撰写分工如下：绪论、结束语，兰日旭；第一章，岳海峰、踞勇；第二章第一节岳海峰、陈虹，第二节李明阳、陈烁，第三节祝伟、宋立久；第三章陈宏亮；第四章岳海峰、谢晓乐；第五章第一节岳海峰、陈修龙，第二节周莹。此外，陈星在写作过程中提供了文献搜集和数据处理方面的帮助。兰日旭、岳海峰对初稿和第二稿提出了修改意见，各章撰稿者根据修改意见进行了两轮的修订，最后由兰日旭、岳海峰完成了统稿和定稿工作。中国财政经济出版社刘五书先生及其团队的关心、支持、润色，则使本书变得更加完善。当然，本书也是一个学术交流、教学相长的过程，大纲曾在2015级的世界经济专业硕士生中进行讨论。

兰日旭　岳海峰

2016年8月3日